페미니스트인 내가
어느 날 직장인이 되었다

페미니스트인 내가
어느 날 직장인이 되었다

초판 1쇄 펴낸날 2022년 10월 7일

지은이 전은영, 김소라
펴낸이 이건복
펴낸곳 도서출판 동녘

책임편집 김혜윤
편집 구형민 정경윤 김다정 홍주은
마케팅 임세현
관리 서숙희 이주원

등록 제311-1980-01호 1980년 3월 25일
주소 (10881) 경기도 파주시 회동길 77-26
전화 영업 031-955-3000 편집 031-955-3005 전송 031-955-3009
블로그 www.dongnyok.com **전자우편** editor@dongnyok.com
페이스북·인스타그램 @dongnyokpub
인쇄 새한문화사 **라미네이팅** 북웨어 **종이** 한서지업사

페미니스트인 내가

어느 날

직장인이 되었다

일러두기

이 책에 등장하는 인물의 이름은 모두 가명이다.

페미는 걸러지지 않았습니다

어느덧 만 5년 차 직장인이 됐다. 무언가를 처음부터 끝까지 도맡아서 해내기는 애매하지만 그렇다고 "제가 아직 일이 서툴러서" 같은 변명도 통하지 않는 시기를 맞이한 것이다. 황당할 정도로 빠르게 지나간 시간이었다. 늘 혼란스러웠고, 자주 도망치고 싶었으며, 드물게 뿌듯한 날들이었다. 시시콜콜한 이야기를 나누며 웃고 떠들던 친구들도 제각기 밥벌이의 세계로 떠나 자리를 잡기 위해 고군

분투하고 있다. 교집합 사이에서 '노동하는 자아'가 경험한 일들을 공유했고, 비슷한 분노와 좌절을 주고받았다.

2015년 여름, 내 또래 여성들의 삶에는 전에 없던 농도로 페미니즘이 녹아들었다. 디시인사이드 '메르스갤러리'가 쏘아올렸던 페미니즘 리부트는, '메갈리아'에 접속해보지도 않았던 여성들에게까지 광범위하게 페미니즘을 알리고 그 필요성을 일깨웠다. 그것은 스무 해를 겨우 넘긴 길지 않은 나의 삶에서 거의 혁명이라고 부를 수 있을 만한 변곡점이었다. 페미니즘은 이전까지의 경험을 하나로 묶어내고 해석할 언어였던 동시에, 앞으로의 인생에서 요긴하게 쓰일 무기이기도 했다. 캠퍼스에서, 소모임에서, 광장에서 우리는 무기를 벼렸다. 그렇게 같이 목소리를 낼 때면, 머지않아 평등한 미래가 도래할 것이라는 낙관에 빠지기도 했다. 그리고 7년이 흘렀다.

"페미는 걸러야 한다." 나와 내 친구들이 직장인이 되기 위해 애쓰던 시절을 전후해 생겨난 말이다. 1994년생인 내가 노동시장에 진입하기 위해 애쓰던 2017년은 우리 세대의 '페미니즘 리부트'로부터 멀지 않은 시점이었다. 많은 이들이 스스로를 혐오와 차별에 반대하는 페미니스트로 정체화했다. 하지만 동시에 페미니즘과 페미니스트는 사회악이라고, 일과 생활의 영역을 막론하고 '페미'는 걸러야 한다고 입을 모으는 사람들도 많았다. 우리는 새롭게 얻은 정체성을 완전히 부정하지 않으면서도 걸러지지 않고 무난한 직장인이 되기 위해 노력해야 하는 이중 과제를 수행했다.

우리를 거르고 싶어 했던 사람들에게는 조금 미안하게도, 페미니스트가 된 수많은 젊은 여자들은 일자리를 얻었다. 직장인의 애환이란 대개 비슷하다고 하지만, 그 시절을 지나온 '페미니스트 출신 일하는 여자들'의 애환은 조금은 특수한 빛깔을 띨 수밖에 없다. 우리를 거르고 싶어 하는 사람들에게 더 이상 "우리도 너희를 거르면 된다"며 맞받아치기가 어려워졌기 때문이다. 그들은 우리의 밥줄을 쥔 상사였고 거래처였다. 말하고 싶은 것을 말하지 못할 때 마음속에서는 무언가 응어리가 생겨났다.

함께 연대했던 이들과의 교집합도 자꾸만 좁아졌다. 직장인이 되기 전 페미니스트 친구들과 나눴던 이야기가 더이상 유효하지 않았다. 중학생에서 고등학생이 될 때 중학교 친구들과 멀어지고 고등학생에서 대학생이 될 때 고등학교 친구들과 멀어지듯이, 페미니스트에서 페미니스트-직장인이 될 때 소중한 페미니스트 친구들과 멀어졌다. 나를 치열하게 만들었던 여성혐오에 이전처럼 예민하게 촉각을 곤두세우는 일도 어려워졌다. 그렇게 살다간 우울감 속에 가라앉아 노동자 1인분의 몫을 해내지 못할 거라고 짐작했다.

우리가 갈라져 내가 되고, 이제는 나의 마음조차도 갈라지는 지점에 서 있다. 화살표는 중구난방이다. 여성혐오적 일들에 예전처럼 많은 관심을 두거나 강하게 분노하지 않는 것, 페미니즘 리부트 시절을 끈적하게 공유했던 친구들을 만나지 않는 것, '회사 다니기도 바쁜데'라는 말을 무적의 방패 삼아 시간을 무심히 흘려보내는 것까지.

우리에게 일어나는 이 모든 일을 온전히 이해하고 상세히 기록하고 싶었다. 페미니스트로 살아왔던 시간의 잣대로 지금의 내 삶을 평가한다면 떳떳할 수 있을까 자문했고, 떳떳하기 위해서는 어떻게 해야 하는지 고민했다.

우선 취준 기간과 사회초년생 시절에 느낀 혼란을 썼다. 평생 '메갈'로 살 수 있을 거라는 다짐이 흐려지는 시작점이었다. 이후 그 안에서 시도했던 크고 작은 싸움의 기록을 담았다. 누군가는 우리가 비겁했다고 생각할 수도 있고, 누군가는 그래도 싸움이 통하는 환경이기에 가능했던 일들이 아니냐고 물을 수도 있겠다. 하지만 우리의 싸움의 기록은 각자의 자리에서 일하고 있는 여성들이 저마다의 경험을 떠올리는 출발점이 될 거라고 생각했다. 학생에서 사회인이 되며 변한 가치관도 곱씹었다. '한남'과의 연애는 불가능하다고 생각했던 페미니스트도 연애와 결혼이 자본주의 사회에서 안전하게 살아남기 위해 고려하는 선택지라는 걸 알게 됐다. 유행어를 빌리자면 '그렇게 됐다'의 심경이다. 마지막으로 변화와 혼란 끝에 찾아낸 가능성을 기록했다. 이 책을 읽는 이들도 각자의 삶에서 찾아낸 긍정적인 실마리를 떠올릴 수 있다면 좋겠다.

지금까지의 세대 담론은 대체로 늦잠을 자버려 허둥지둥 뛰쳐나온 출근길 직장인 같았다. 각자의 필요에 의해 세대를 명명하고 싶은 마음이 앞서 무언가를 늘 빠뜨렸다. 예를 들어 'N포세대' 담론이 놓쳤던 것은 여성이었다. 남성 청년의 삶을 기본값으로 잡아 여성 청년의 현실을 분석하는 데 필요한 잣대들을 놓쳤던 것이다. 만약 청년들이 돈이 없고 취업이 어려워 연애와 결혼과 출산을 포기한다는 기성세대의 가정이 사실이라면 N포세대에게 일자리를 제공하는 것만으로 모든 문제가 해결되겠지만, 실상은 그렇지 않다. 일자리 시장에 진입하는 일 자체가 남성보다 여성에게 훨씬 가혹하다. 노동시장에 진입하고 충분한 자본을 모아 정상가족을 이루는 데 성공하더라도 그 뒤에 올 가사노동과 독박육아의 굴레가 여성을, 오직 여성만을 기다리고 있다는 점을 간과한다면 청년 문제의 실질적 해결은 불가능하다.

최근 기성세대가 열광했던 단어는 'MZ세대'다. 무려 1980년대부터 2000년대까지 30년을 한 번에 묶어내는 단순함이 놀라우면서도 아찔하다. 약간의 말장난을 더해, 우리는 MZ세대라는 단어를 이렇게 다시 써볼 수 있을 것이다. 메갈리아M가 다시 불러낸 페미니즘 리부트를 처음부터 끝까지A to Z 지켜봤던 여성들. 이들이 어느덧 노동시장에 진입했다.

정답은 없다는 것을 알면서도 정답을 발라내고 싶은 마음으로 썼다. 지나온 시간이 결코 가치 없지 않았다고 선언하고 싶은 마음으로 썼다. 페미니즘 리부트의 시간이 이런 모습의 나를, 겨우 이런 나를 만들 거라고 예상해본 적은 없지만, 못 가본 길도 아름답다고 우기고 싶은 마음으로 썼다. 여전히 페미니스트의 길은 좁지만, 우리의 길은 사실 지금껏 단 한 번도 시원하게 뻗었던 적이 없었다는 것을 잊지 않는다면, 함께 더 멀리 갈 수 있을 거라고 믿으며 썼다. 함께 걸었던 길과 각자 걸었던 길을 반추한 우리의 기록이, 어쩌면 각자의 방식으로 평생 '메갈'로 살 수 있을지도 모르겠다는 새로운 다짐으로 이어지기를 바란다.

전은영

 차례

3장 남들처럼 잘 살고 싶다는 욕망

4장 그래도 세상은 바뀝니다

나가는 글

1장

메갈도

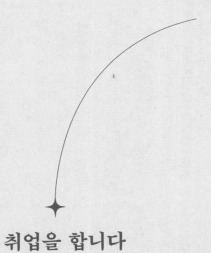

취업을 합니다

미투를 어떻게 생각하냐고요?

나의 대학 친구 지현은 부드럽고 영리한 사람이다. 새내기 시절 캠퍼스에서 마주쳤던 때부터 알 수 있었다. 작은 키의 지현은 외모나 말투에서 풍기는 말랑한 분위기와는 달리 좋은 스펙을 갖춘 친구였다. 누구나 알 만한 자율형 사립 고등학교를 나와 서울에 있는 대학에 입학했고, 착실히 학점을 챙겼으며, 들어가기 어렵다는 연합 동아리에서도 경험을 쌓았다. 언제나 상냥했던 지현에게 화가 쌓인 것은 졸업이 다가온 그가 취업 전선에 뛰어들면서부터였다.

"그냥 다 마음에 안 들기 시작했어." 2017년 가을에 지현은 '차별을 느끼고 있다'고 말했다. "이게 알게 모르게 되게 애매한 부분인 거야. 내가 못해서 떨어진 건지, 쟤가 남자라서 붙은 건지. 그냥 다 마음에 안 들기 시작했어."

나는 취준생이었던 2017년에 지현 같은 또래 여자들을 여럿 만났다. 취준생으로 살며 내가 느꼈던 불안감, 가까운 친구들과 공유했던 무력감에 또렷한 이름을 붙이기 위해서였다. 나와 비슷한 처지의 친구와 함께 여자 취준생들을 인터뷰하고, 노동시장 진입을 준비하는 여성 구직자들이 느낀 성차별 경험을 설명하는 보고서를 썼다.

보고서에서 가장 강조하고 싶었던 개념은 '정황적 차별'이었다. 정황적 차별은 보고서를 쓰며 만들어냈던 말로, '여성 구직자가 구직의 모든 단계에서 경험하는 명시적이지 않은 차별'을 가리킨다. 일반적으로 구직에 영향을 미치는 학벌, 나이, 대외활동 경험 등 다양한 요인에서 성별을 제외하면 탈락할 만한 이유가 뚜렷하게 보이지 않고 정황상 성별 때문에 차별을 받은 것으로 의심되는 상황에서, 여성 구직자가 느끼는 감정을 표현하기 위한 개념이다. '알게 모르게 되게 애매한 부분'에서 불쾌함을 느끼고

'그냥 다 마음에 안 들기 시작했던' 지현과 지현 같은 여자들의 마음을 정황적 차별로 설명하고자 했다.

여자들의 경험은 일관됐다. 대학에서 만난 남자 선배들은 후배들에게 "학점에 너무 연연하지 마라. 3.5만 넘으면 된다"고 하면서도 "여자는 4.0 넘는 게 좋지 않겠냐"고 말했다. 인턴 경험을 쌓는 과정에서 남성 동기의 학벌을 알고는 '여자는 진짜 학교가 좋아야 뽑는구나'라고 생각했다. 심지어는 같은 신분의 남자 인턴이 여자 인턴에게 "잘 생각해봐요. 우리 회사는 여자 안 뽑는다고 했으니까 딴 데 알아보는 게 좋을 걸요?"라고 말하는 장면을 목도하거나, 남자 스터디원으로부터 갑자기 "이 일 (물리적으로) 힘들 텐데 잘할 수 있겠어요?"라는 얘기를 들었다.

그럼에도 불구하고 그들은 다양하게 뻗어나갔다. 차별받는 것 같아도 낙담하고만 있을 수는 없었다. 서울 4년제 대학 졸업(예정)자였던 인터뷰이들에게 노동시장에 진출하지 않는다는 선택지는 없었다. 어떻게든 취업해야 했다. 그들은 어떻게든 '인턴을 더 하거나 실무 경험을 더 쌓는' 식으로 성별의 불리함을 극복할 '무기를 더 많이 채워야 한다'고 생각했고, '어떻게 할 수 없는 취업시장의 성차별 앞에서 방향을 틀었다'. 해외 취업이나 대학원 진학, 공무원 시험 준비처럼 비교적 성차별이 없을 것으로 여겨지는 차선책을 택한 이들도 많았다.

취업시장의 성차별은 사실 좀 우스운 주제다. 너무 당연해서 이 얘기를 굳이 다시 꺼내야 하나 싶지만, 여전히 그런 것은 존재하지 않는다고 말하는 사람들이 많다는 점에서 아이러니하고 우습다. 더 영악한 방식으로, 성차별의 존재는 인정하지만 여자를 뽑는 것보다 남자를 뽑는 게 사업주에게 더 유리하기 때문에 어쩔 수 없다고 주장하는 사람들도 많다.

나는 2017년 스물네 살의 나이로 취업시장에 뛰어들었다. 1년 넘게 서류와 면접에서 여러 번 떨어진 끝에 2018년 언론사 취재기자가 되며 노동시장에 진입했다. 정확한 이유는 잘 모르겠지만 언론사는 성별에 따른 구직자 차별이 덜하다고 알려져 있다. 다른 직종에 비해 학점이나 어학성적 등 객관적인 지표를 중요하게 여기기도 하지만, 논리적이면서도 개성 있고 매력적인 글을 써낼 수 있는지, 세상만사를 얼마나 잘 알고 있는지 같은 질적 평가가 더욱 중요하게 작용하는 직업이기 때문일까?

하지만 한국에 있는 기업 대부분이 그렇듯이 언론사 역시 여성 지원자를 그다지 선호하지 않는 것 같다. 기자 지망생의 성비와 수습기자의 성비를 믿을 만한 통계로 따져보지는 못했지만, 1년간의 언론사 입사 준비와 약 4년의 기자 생활을 종합해서 내린 결론이다. 처음부터 어렴풋한 예감은 있었다. 시험을 준비할 때 여자 스터디원들과 가장 많이 했던 얘기 중 하나가 이런 거였다. "전형을 올라갈수록 여자가 없어. 필기장에선 남자 찾기가 어려웠는데 최종 면접 가면 남자가 왜 그렇게 많은 거야?"

일반적으로 언론사 입사 전형은 서류-필기-실무-면접으로 이뤄진다. 일반적인 대기업과 달리 언론사는 서류 전형에서 지원자를 많이 거르지 않는다. 글솜씨가 중요한 직업이니 웬만하면 글 쓸 기회는 주는 것이다. 필기시험장에서는 남자를 찾기가 쉽지 않았다. 한 시험장에 20~30명 정도가 들어간다고 하면 경험상 남자는 많아도 10명 미만이었다. 어떤 곳에선 남자가 두세 명에 불과하기도 했다.

하지만 필기와 실무 전형을 통과해 최종 면접 단계에 다다르면 성비는 반대로 뒤집혀 있었다. 여성이 더 많이 지원하지만 남성을 더 많이 뽑는 구조인 탓에, 취준의 출발점이라고 할 수 있는 스터디 그룹에 가입할 때부터 '성비를 맞추기 위해 남성 분을 우대한다'는 문구를 심심치 않게 만날 수 있었다.

취준 기간이 길어지면서 기업들의 성차별 혐의는 짙어져 갔다. 서류 전형을 과감하게 생략한 언론사에 지원했을 때다. 나는 필기시험을 통과해 다음 단계로 가게 됐는데, 500명가량의 지원자 가운데 현장에서 써낸 글 두 편만을 보고 뽑은 20명 중 남자는 5명뿐이었다. 이후에 내가 본 수많은 한국의 언론사 필기시험 합격자 집단 중에서 여성이 그렇게 많은 곳은 없었다. 이 일이 시사하는 바는 명확했다. 남자라는 성별은 학벌과 어학 성적과 인턴 경험을 뛰어넘는 강력한 스펙이었다. 여자 지원자는 남자 경쟁자들보다 자기소개서와 글을 압도적으로 잘 써야 한다. 면접에선 더 논리적이고 기억에 남을 만한 답변을 해야 한다. 그래야만 합격할 수 있다.

이 이야기들이 '메갈'들의 피해망상일까? 2021년 5월

한 언론사의 부장이 후배 기자들에게 "인턴 지원 서류에 여성 인권 관련 활동을 했다고 쓴 애들은 걸렀다"고 말한 사실이 알려졌을 때[*] 나는 크게 놀라지 않았다. 그 말을 했다는 부장의 얼굴도 모르지만 아마 그분은 무척이나 억울했을 것이다. 그 자리에서 그 말을 들었던 '여자' 후배들의 얼굴을 떠올리고 괘씸해했을지도 모르겠다. 또 다른 언론사의 어떤 부장은 "블라인드로 채점하고 보면 합격자가 전부 여자일 때도 있었다"고 했다. 나는 면접에서 당시 한국 사회를 휩쓸고 있던 '미투'를 어떻게 생각하냐는 질문을 받은 적 있다. 같은 면접을 봤던 남자 지원자에겐 없었던 질문이라고 한다. 모두 우스운 일이다.

일하는 여자가 된 후로 나는 지현을 포함해 취준 시절에 만난 여성들을 자주 생각했다. 좌절하는 대신 어학 점수를 조금 더 올리고, 슬퍼하는 대신 자기소개서를 한 번 더 갈

---

[*] 박정훈, 〈조선비즈 간부 "채용 서류에서 페미니즘 활동 걸렀다" 발언 논란〉, 《오마이뉴스》, 2021.5.17.

아엎었던 그들도 아마 지금쯤 나처럼 노동시장으로 자리를 옮겨왔을 것이다. 어딘가에서 노동자로 살고 있을 수많은 여자들은 이제 정황적 차별을 어떻게 생각할까? 우울했던 취준생 시절의 단면 정도로만 남았을까? 나는 아니라고 생각한다.

임용고시를 준비하던 다은은 인터뷰에서 "실제로는 채용 성차별이 없는데 내가 소문에 휩쓸려서 차별을 만들어낸 것은 아닌지 의심하기도 했다"고 말했다. 다은이 말한 '소문'은 내가 언론사 취업 스터디에서 여성들과 나눴던 "필기장엔 죄다 여잔데 최종 면접 가면 남자가 왜 그렇게 많은 거야?"라는 말과 일맥상통한다. 여성들은 어떻게 자신이 '여성'이라는 사실이 노동시장에 진입하는 과정에서 걸림돌이 됐다고 분명히 인식하게 됐을까?

보고서 작성을 위해 만났던 여성들보다도 더 자주, 나는 한때 나의 '베이스캠프'였던 친구들을 떠올린다. 페미니즘의 관점을 공유하면서 책을 읽고 글을 쓰는 과정에서 친해졌던 이들이다. 그들과는 "남자가 왜 그렇게 많은 거야?" 혹은 '여성이 차별받는다는 소문' 같은 이야기를 조금 더 노골적인 단어로 나눴다. 그건 단순한 분노 표출이 아닌 어떤 시대정신을 공유하는 과정이었고, 애먼 소문의 확대나 재생산이 아닌 실재하는 무언가의 실체를 드러내는 과정이기도 했다.

어느덧 6년 차 직장인이 된 지현에게 최근 다시 물었다. "취준생 때 성차별을 느꼈던 것에 '당시의 사회적 분위기'가 영향을 미쳤다고 생각해?" 지현은 대답했다. "없던 걸 느끼게 한 게 아니라 있던 걸 증폭시켰던 거야." 지현은 자신과 같은 여성들이 당시 사회적 분위기에 영향을 받았지만, 성차별이 없었다면 그런 바람이 불어도 불씨가 커지진 않았을 거라고도 했다. 지현은 지금으로부터 약 10년 전, 내가 그를 처음 만났을 때보다 조금 덜 부끄러워하고 조금 더 단호한 사람이 돼 있었다.

당시 인터뷰에 응했던 여자들의 나이는 스물셋부터 스물일곱. 출생연도로는 1991년생부터 1995년생까지다. 이들에게 당시의 '사회적 분위기'란 페미니즘을 가리킨다. 2015년 메갈리아의 등장을 계기로 페미니즘은 '리부트'되었고, 미성년자도 사회인도 아닌 대학생 신분의 여성들은 각자의 자리에서 다양한 정도로 메갈리아가 당겼던 페미니즘의 화살을 맞을 수밖에 없었다.

이제 이런 질문을 해보자. 페미니즘 리부트 시기에 대학생이었고, 취업시장에서 성차별을 인지했던, 이제는 노동자가 된 여성들. 그들은 사회생활을 하며 만난 성차별을 어떻게 인식하고 대처해 나가고 있을까?

한국 사회에서 여성의 취업은 대체로 같은 조건의 남성의 취업보다 어려웠다. 1980년대에 태어난 여성에게도 그러했고, 머지않아 취업시장에 본격적으로 뛰어들 21세기에 태어난 여성들에게도 취업은 쉽지 않을 것이다. 하지만 페미니즘 리부트 당시 우연히 20대 초·중반이었던 여성들은, 단순히 취업이 쉽지 않다는 경험만을 바탕으로 성차별을 인지하기 시작한 것이 아니다. 당시 한국 사회는 여성이 억압받은 시간을 되짚고 그것을 인정할 수 있을지, 혹은 (지금까지 그래왔듯) 여성의 착각으로 치부하고 넘어갈지를 두고 싸우는 거대한 전장이었다. 이 시기에 페미니즘은 분명히 존재하지만 가려졌던 불평등한 현실을 직시하게 한 렌즈였다.

페미니즘 리부트 시절의 '각성'을 거쳐 취업시장의 차별을 체감하고 되새긴 여성들은, 직장에서 마주하는 불쾌하고 참담한 경험들 뒤에 성차별이 존재한다는 사실을 조금 더 빨리 깨달았을 것이다. 그리고 그렇게 빨리 깨달은 여성들의 고민과 선택은 이전과는 다른 모습일 것이다.

취준생 시절 나와 같이 언론사 면접을 보던 어떤 여성 지원자는 "결혼 후 중요한 취재원과의 약속이 있는데 아이가 갑자기 아프다면 어떤 선택을 하겠냐"는 질문을 받았다. 질문을 던진 중년 남성 면접관이 기대했던 '정답'이 무엇인지는 모르지만 그들이 예상한 답변은 있었을 것이다. "그래도 취재원을 만나러 가겠다"고 말한다면 '나쁜 엄마'가 되는 대신 직업에 대한 열정이 있다는 평가를 받았을 것이다. "아이에게 먼저 달려가겠다"고 말하더라도 "저와 주변을 잘 챙겨야만 좋은 직업인이 될 수 있다고 생각하기 때문"이라고 덧붙인다면 절반의 점수를 딸 수 있었을지도 모른다. 하지만 그 질문을 받은 여성 지원자는 남성 면접관들이 전혀 예상하지 못했을 대답을 했다. "저는 비혼주의자여서 그럴 일이 없을 겁니다." 말도 안 되는 질문에 분노를 느끼던 나는, 그의 답변에 가슴을 쓸어내리는 동시에 통쾌함을 느꼈다.

나는 그 여성 지원자가 페미니즘 리부트의 시기를 나와 비슷한 농도로 살아갔던 사람이라고 확신한다. 페미니즘

미투를 어떻게 생각하냐고요?

은 나에게 그러했듯, 그에게도 '착한 엄마'라는 정체성이 결코 의무가 아닌 선택의 문제라는 것을 알려줬을 것이다. 이제는 얼굴도 이름도 기억나지 않는 그 사람 역시 지금쯤 나처럼 페미니스트와 직장인의 정체성을 동시에 손에 쥔 채 고민하고 있을 것만 같다.

전은영

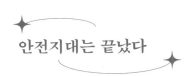

안전지대는 끝났다

어렸을 때부터 어른들은 그런 말을 자주 했다. 남의 돈 벌어 먹고사는 게 쉬운 줄 아냐고. 텔레비전에서 '축 처진 가장의 어깨' 같은 클리셰나 얼굴에 종이 더미를 맞아도 말한마디 못하는 미생의 모습이 보일 때면 답답했다. 난 저렇게는 못 살 것 같은데? 그때는 MZ세대라는 말도 없었지만, 부당한 건 못 참고 매사에 당당한 것은 어느 때나 동시대 젊은이들의 특징이자 특권이었다.

옹알이를 시작한 이래로 나는 언제나 할 말은 하는 사람이었다. 여자애가 너무 기가 세고 의견이 강하다는 소리는 심심찮게 들었지만 참고 살아서 문제라는 소리는 들어 본 적이 없었다. '메갈'이었던 우리들 대부분 마찬가지일 것이다. 대학생 때까지만 해도 그다지 아쉬울 게 없었다. 학교생활, 아르바이트, 인턴 등 사회 경험은 있었지만 그 건 어디까지나 기한이 정해진 사회생활이었다.

페미니즘 리부트를 만나며 이런 경향은 더욱 강해졌다. 탈코르셋 바람이 대학가를 휩쓸었다. 페미니즘을 만난 여 성들은 사회가 강요한 '꾸밈노동'에 더 이상 얽매이지 않 았고, '여자는 이래야지' 라는 편견에 움츠러들 일도 없어 졌다. 내가 어떤 사람으로 보일지는 전적으로 내가 결정할 수 있다고 믿었다.

페미니즘을 알게 되면서 우리는 전에 몰랐던 자유와 해 방감을 맛봤다. 내가 막 대학에 입학했던 2013년에는 짧 은 테니스 스커트와 스키니 진, 높은 통굽 샌들이 유행했 다. 미팅이라도 나갈 때는 발목이 휘청거리는 7센티미터 짜리 구두를 신었다. 그때까지만 해도 예능 프로그램에서 화장은 예의라면서 여자 연예인의 맨얼굴을 수치스러운 것처럼 묘사했고, 60킬로그램이 넘는 여자는 여자가 아니 라는 농담을 아무렇지 않게 던졌다. 메갈리아 이후 불어온 탈코르셋 열풍은 '여성스러움'이라는 허구에 억눌린 여자들을 폭발시켰다. 화장을 지우고 머리를 삭발하고, 편한 바지와 운동화를 찾아 신는 것 자체가 저항이었다.

외모뿐 아니라 말투와 행동에서도 마찬가지였다. 십여 년간 기가 세다는 말을 들었던 여자들은 언제나 내가 너무 강하게 말하는 건 아닌지, 잘난 척하는 건 아닌지 스스로를 검열했다. 탈코르셋 이후 여자들은 더 이상 '여성스럽게', 상대의 기분을 거스를까 걱정하면서 돌려 말하지 않았다. 하고 싶은 말이 있으면 했고, 부당하다고 느끼면 그 감정을 표현할 수 있었다.

페미니즘이 주류가 된 여대는 사회의 압박이 제거된 무균 지대 같았다. 학교에서는 내가 어떤 옷을 입든, 화장을 하든 말든 누구도 신경 쓰거나 지적하지 않았다. 적극적으로 말하고 주장하는 성격은 단점이 아니라 장점이었다. 교수가 수업시간에 성소수자 혐오 발언을 하면 손을 들고 그 말을 정정해달라고 요구했다. 아르바이트에서 사장이 주휴수당을 주지 않으면 법적으로 지불해야 하는 거라고 설명했다.

나중에야 깨달은 거지만, 그때 내가 그럴 수 있었던 건 잃을 게 별로 없었기 때문이다. 교수가 나를 나쁘게 보더라도 학점 좀 못 받으면 그만이었다. 사장이 주휴수당을 주기 싫어한다면 다른 알바를 구하면 됐다. 사회생활이라는 본게임에 들어가기 전 연습게임 같았던 대학 시절에는 학기가 끝나거나 알바를 그만두면 상황과 사람이 리셋됐다. 그렇기 때문에 부당한 상황에 처하면 불이익을 감수하더라도 목소리를 낼 수 있었다.

그러나 사회생활은 그렇게 만만하지 않았다. 어렵게 얻은 정규직 명함 앞에서는 겁나는 게 많아졌다. 회사에 발을 내딛던 후에야 이전에 있던 곳이 안전지대였음을 깨달았다. 이제 나를 있는 그대로 받아들여주던 안전지대는 끝났고, 스스로를 보호하기 위해 내게 유리한 모습을 영리하게 찾아 갖춰야 했다. 그렇게 3년 차 직장인이 된 지금, 설치고 말하고 생각하던 '메갈'은 어디 가고 매일 아침 지하철에서 쿠션 팩트를 두드리고 상사의 시비에도 '예쁘게 말하는' 직장인이 남았다.

자기결정권은 취업 과정에서부터 무너졌다. 회사의 의사결정권자는 면접자가 진짜로 어떤 사람인지 궁금해하지 않는다. 자기소개서부터 필기시험, 면접까지 그들은 수많은 문제를 내고 면접자들은 장문의 답변을 짜낸다. 시간이 지난 후에야 능력보다는 첫인상이, 내용보다 태도가 중요하다는 게 무슨 말인지 알게 됐다. (그 말에 마음 깊이 공감한다기보다는, 뒤늦게 그 말이 무슨 뜻인지 머리로 이해하게 됐다는 의미다.) 채용 과정은 지원자가 정말 어떤 생각을 가졌는지를 알아보는 절차가 아니었다. 그보다는 자신들이 원하는 신입사원의 틀에 욱여넣을 수 있는 사람인지, 여기저기 모서리를 잘라내도 도저히 안 맞을 사람인지를 가늠해보는 작업이었다.

회사별로 조금씩 다르겠지만 조직에서 원하는 신입사원의 이미지는 대체로 정해져 있다. 글재주가 조금 더 좋은 사람보다는 말귀를 잘 알아듣는 사람이 더 나은 점수를 받고, 너무 여유가 넘치는 것보다는 바짝 긴장해서 열심히 하려는 모습을 더 높게 쳐준다. 면접자들은 자신이 보여줘야 하는 이미지와 인상이 정확히 무엇인지도 모르는 채로 기준에 부합하기 위해 끊임없이 노력해야 했다.

내가 지원한 언론사의 수습기자 채용 전형은 2주간의 인턴과 최종 전환 면접으로 이뤄졌다. 인턴 전형에는 여자 2명, 남자 2명이 올라왔다. 직감적으로 알았다. '양성평등 시대에 맞게 여남 한 명씩을 뽑을 생각이구나!' 자연스럽게 내 경쟁자는 다른 여자 지원자로 좁혀졌다.

남자 지원자들도 인상 비평의 대상이 되지만, 인상의 차이는 여자 지원자들에게서 더 극명하게 나타난다. 여자 인턴 동기였던 아름은 그야말로 인스타그램 인플루언서 같은 화려하고 '여성스러운' 스타일이었다. 그는 매일 깔끔하고 화사한 블라우스와 치마를 입고 숄더백을 들고 다녔다. 반면 나는 정말 최소한의 사회적 예의만 겨우 갖춘 꼴이었다. 첫 출근 전날 도저히 입을 옷이 없어서 유니클로로 달려가 똑같은 블라우스를 색상별로 사와 돌려 입었다.

어쩌다 보니 아름과 나의 '집안 차이'까지 알려지면서 이미지는 더욱 이상한 방향으로 굳어졌다. 아름의 아버지는 모 금융사의 임원이었고, 나의 아버지는 일반 기업의 (임원을 달지 못한) 직원이었다. (이 사실이 알려진 건 여전히 부모의 최종학력과 직장을 기재해야 하는 자기소개서를 고수하고 있던 회사 때문이었다.) 아름은 잠실에 살았고, 나는 경기도에 살았다. 이쯤 되면 K.O.패였다. 내 의도와 상관없이 나는 '수수하지만 일은 열심히 하는 애'로 비쳐졌다.

그 회사에는 여자 부장이 한 명도 없었다. 인사권을 갖고 있는 국장은 여기자들이 힘들다고 금방 그만둬서 문제라고 말했다. 그러나 그 여기자들이 나가게 된 사연은 눈물 없이는 들을 수 없었다. 만취한 부장이 노래방에서 술을 따르라고 하자 울컥해 뛰쳐나간 수습기자부터 '형님 문화'에 질려서 이직한 고연차 선배까지, 여기자들은 회사를 쉽게 그만둔 게 아니었다. 회사의 뿌리 깊은 마초 문화가 그들을 쫓아냈다고 보는 게 더 정확했다.

하지만 회사에 선택받아야 하는 입장인 여성 지원자가 할 수 있는 선택은 그다지 많지 않았다. 나는 다른 여기자들과는 다르다는 걸 증명해야 했고, 가장 쉬운 방법은 '덜 여성적인' 것처럼 보이는 거였다. 괜히 더 털털한 척을 했고 토하는 한이 있어도 술은 주는 대로 마셨다. 회식 자리에도 끝까지 남아 싹싹하게 선배들에게 말을 붙였다. 회식을 마치고 부장이 "커피 한 잔 하면 좋겠는데"라고 슬쩍 말하면 지도 어플리케이션을 켜고 근처 카페의 위치와 마감 시간을 체크한 후 안내했다. 아름이 '부잣집 딸' 같아 잘 적응하지 못할 것 같다는 이야기에 내심 기뻐하면서 속으로 이게 '여적여(여자의 적은 여자)'인가 고민했다.

그렇게 해서 얻은 건 "요즘 애들 같지 않다"는 칭찬이었다. 바꿔 말하면 회사 내부 규율에 무척이나 잘 순종한다는 말이기도 했다. 요즘 애들, MZ세대, 자기 할 말은 하는, 당당한, 부당한 일에는 목소리를 내는 사람. 지금까지 나는 내가 그런 사람이라고 생각해왔고 그 사실에 꽤나 자부심을 갖고 있었다. 그러나 채용이라는 관문 앞에서 나는 최대한 그렇지 않은 사람인 것처럼 스스로를 포장했다. 무던하고 말을 잘 듣고, '까라면 깔 것처럼' 보여야 채용에 유리하다는 걸 본능적으로 알았기 때문이다. 빠릿빠릿한 막내 이미지를 유지한 덕분인지 회사에 최종 합격하면서 본격적인 사회생활을 시작하게 됐다.

수습기자였던 당시 나는 그다지 세련된 모습은 아니었던 것 같다. 실무 면접 시기에 큰맘 먹고 새 구두를 신고 나갔다가 길에서 발이 피투성이가 된 이후로는 무조건 편한 신발만 고집했다. 주 6회 매일 새벽같이 회사에 출근해 저녁까지 먹고서야 퇴근하던 시절이었기 때문에 세련되고 자시고 할 겨를이 없었다. 평퍼짐한 셔츠에 투박한 검정색 가죽 운동화를 주구장창 신고 다녔다. 어느 날 저녁을 먹고 나오는 길에 담배를 피우던 부장이 내 신발을 가리키며 물었다. "그건…… 편하니?"

한참 후에야 알았지만 그건 지적이었다. 그것도 모르고 신나서 말을 줄줄이 꺼냈다. "아, 이게 발볼이 진짜 편해요. 직구하면 엄청 저렴합니다. 완전 추천드려요!" 그는 헛웃음을 짓더니 더 말을 꺼내지 않았다. 이제 와서 생각해보면 아마 옷차림이 후줄근하니 좀 잘 갖춰 입고 다니라는 무언의 압박이었던 것 같다.

부장들은 아침마다 머리를 돌돌 말고 미니스커트와 샌들을 신고 출근하는 아름을 별종 취급했지만, 그렇다고 편한 운동화를 신고 눈썹만 겨우 그리고 다니던 나를 정상적인 여자 기자로 끼워주는 것도 아니었다. 늘 그렇듯이 회사가 여자 신입사원에게 기대하는 이미지들은 상당 부분 여성혐오적 시선에 기대고 있었다. 너무 꾸며서도, 너무 안 꾸며서도 안 되고, 너무 말라서도, 너무 뚱뚱해서도 안 됐다. 너무 무뚝뚝하면 사회성이 떨어져 보이고, 너무 살가우면 뒷말이 돌았다. 매일 자기 전 하루를 돌아보며 자기검열을 하게 됐다. 오버해서 '여성스러운' 척을 한 것 같은 날은 괴로웠고, 과하게 털털한 행동을 하며 '요즘 여자들과는 다른 애'를 수행한 날은 자괴감이 들었다.

페미니즘 리부트가 우리에게 더 많은 선택지를 가져다줬다면, 사회에 진입하는 건 그 선택지를 다시 좁히는 일과 같았다. 회사는 학생 때 경험한 사회생활보다 훨씬 복잡한 고차방정식의 세계였다. 세상은 어떻게 보면 나아졌고, 어떻게 보면 교묘해졌다. 대놓고 외모 지적을 하거나 성희롱을 하는 경우는 과거에 비해 확실히 줄었다. 대신 견딜 만한 압박이 계속된다. 이 정도면 할 만하지, 하고 버티게 만드는 걸지도 모른다.

슬프게도 사회생활을 시작하며 스스로가 급격하게 보수화되는 걸 실감했다. 학생 때 탈코르셋을 한다면 뭘 잃을까? 몇몇 친구들과 멀어지거나 특이한 사람이라는 낙인이 찍힐지도 모른다. 하지만 회사에 머리를 밀고 노브라로 출근한다면? 일자리를 잃을지도 모른다. 이전에는 내가 페미니스트라는 걸 온몸으로 드러낼 때 느껴지는 자부심이 혹시 모를 사소한 불이익보다 중요했다. 그러나 취직 이후에는 내게 닥칠지도 모르는 불이익의 무게가 훨씬 크게 느껴졌다. 그래서 표정, 말투, 옷매무새까지 신경쓰며 얌전하고 무해하게 행동하기 시작했다. 튀고 싶지 않아서, 책잡히기 싫어서, 피곤해서…… 누군가 직접적인 압박을 하지 않아도 이렇게 행동하는 게 더 마음이 편했다.

직장인이 된 친구 하나는 이런 말을 했다. "속눈썹이 1밀리미터 올라갈 때마다 자신감이 1퍼센트 올라간다, 이렇게 규칙이 있는 건 아니지만 맨얼굴일 때와 풀 메이크업 했을 때는 왠지 스스로 자세가 달라져." 어쩌면 사회적 여성성을 수행하지 않았을 때 혹시라도 닥칠지 모르는 불이익을 생각하며 에너지를 쓸 필요가 없어져서 그런 건 아닐까 생각했다. 회사를 다니며 얻은 교훈은 꾸밈노동이 감정노동보다 쉽다는 거였다. 머리, 신발, 옷, 화장, 더 나아가서는 말투와 의견마저도 그냥 꾸며내는 것이 내 모습과 감정을 전부 드러내고 싸우는 것보다 편했다.

언젠가 SNS에서 이런 글을 봤다. 어떤 사람이 어릴 때부터 젓가락 쓰는 법이 서툴러서 아버지가 상당히 엄하게 타일렀는데, 남들 보기 부끄럽다거나 시집을 못 간다는 이유가 아니라 "이런 것까지 일일이 지적하고 싶어 하는 사람들이 세상에 많으니 그들에게 틈을 보여주지 말자"는 전투민족 같은 이유였다는 얘기다. 다른 친구는 이런 얘기를 했다. 그 친구의 일터에는 예쁘고 화려하고 '부잣집 딸'처럼 보이는 언니가 있었다. 같이 일하던 남자가 "누나는 명품만 드나 봐요?"라고 비꼬듯 말했을 때 그 언니는 화를 내지 않고 말없이 웃고만 있었다고 한다. 나중에 그 말이 기분 나쁘지 않았냐고 물어보니, 언니는 이렇게 말했다. "누가 나를 좋게 봐주는데 굳이 정정할 필요가 있나? 부자로 보여서 손해볼 건 없더라고."

나도 이런 마음으로 적당한 꾸밈노동을 하기 시작했다. 예쁘게 보이고 싶은 마음보다는 무시당하기 싫은 마음이 더 컸다. 이제는 곧잘 그럴듯해 보이기도 한다. 기업 임원이나 변호사 같은 고급 취재원과 만날 때는 옷장에서 트위드 재킷을 꺼내 입고 당근마켓에서 중고로 산 루이비통 가방도 꺼내 든다. 머리도 단정하게 만지고 눈썹도 신경 써서 그린다. 외모뿐 아니라 다른 부분도 좀 더 '뽀샤시'

하게 보정한다. 예전에는 상대방이 내가 사는 동네를 알고 "이야, 거기 많이 올랐죠!" 하면 펄쩍 뛰며 "저희 집 자가 아닌데요!"를 외쳤다. 하지만 이제는 그냥 만면에 미소를 띠고 알쏭달쏭한 표정을 짓는다. 다이어리 꾸미기는 '다꾸', 공부는 '뇌꾸(뇌 꾸미기)', 회사 업무는 '통꾸(통장 꾸미기)'라던데. 내 행동은 뭐랄까, '신분 꾸미기' 같은 게 아닐까. 더 많은 걸 가진 것처럼 거짓말을 하고 싶지는 않았지만, 덜 가진 것이 약점이 되는 세계에서 굳이 나를 낮추거나 지나치게 솔직할 필요도 없었다. 사회의 정상궤도에 올라타려면 대단히 미인일 필요는 없지만 후줄근해서는 안 되니까. 만만하게 보이고 싶지 않아서, 외모 평가를 신경 쓰지 않고 일로만 평가받고 싶어서, 속내를 드러내는 대신 적당히 감추는 방법에 점점 익숙해졌다.

김소라

옆자리 여자와 연대할 수 있을까?

대학생이 되고 나서 좋았던 점 중 하나는 누군가와 억지로 친해지지 않아도 된다는 거였다. 나는 초등학교-중학교-고등학교로 이어지는 교육과정을 착실하고 모나지 않게 이수한 뒤 대학생이 됐다. 좁은 교실 안에서 아침부터 저녁까지 다 같이 수업을 듣는 상황에서는 최대한 모두와 원만한 관계를 유지하는 편이 좋다. 누군가와 사이가 틀어졌다간 일상이 피곤해지기 때문이다. 하지만 대학생은 그럴 필요가 덜했다. 같은 학교, 같은 과, 같은 학번이라고 해서 온종일 함께 수업을 듣는 것도 아닐뿐더러, 학교 수업을 듣는 것 외에도 할 수 있는 일들이 많았다. 대학교에서도 같은 수업을 듣는 친구들과 친하게 지내서 나쁠 건 없지만, 싫은데 억지로 어울리지는 않아도 된다는 것은 큰 차이였다. 나는 다른 과나 다른 학교에서, 대학생의 범주가 아닌 곳에서 친구를 찾았다. 내 주변을 나와 맞는 사람들로 채워나가는 방법을 터득하기 시작했던 것이다.

그런 시간을 거쳐 20대 중반이 되었을 때는 인간관계 커스터마이징customizing이 어느 정도 끝난 뒤였다. 그리고 메르스갤러리가 생겨났던 시기는 커스터마이징된 인간관계가 자리 잡기 시작했던 시절과 맞물려 있다. 그렇기에 당시 내가 일상적으로 만나던 사람들은 나와 비슷한 생각을 공유하는 이들일 수밖에 없었다. 기본적으로 비슷한 나이대의 여성이 많았고, 메갈리아를 알고 미러링에 공감하는 것을 넘어 그 기저에 깔린 페미니즘을 알아가려는 의지가 있는 사람들이 대부분이었다. 자연스럽게 친구들과의 대화는 페미니즘 이슈로 채워지기 시작했다. 2016년의 강남역 여성혐오 살인 사건은 관계의 기준을 강화하는 명확한 계기가 되었다. 한국에 여성혐오는 없고 젊은 여자들의 분노는 극단적이며 '메갈'은 잘못된 페미니즘이라는 주장을 펴는 사람을 굳이 시간과 마음을 써 가며 곁에 두고 싶지 않았다. 처음 만난 사람과 이야기를 나눌 때면 속으로 예민하게 레이더를 세우고 인권 감수성이 있는지, 친하게 지내도 될 만한 사람인지를 끊임없이 판단했다. 돌이켜보면 인생에서 얼마 되지 않는 '그래도 괜찮은 시간'이었다.

　그 시간 속에서 여성들은 서로의 동료이자 선생님이었다. 페미니즘은 단순한 학문이 아니라 각자의 경험을 통해 다르게 읽어내고 끊임없이 재해석해야 하는 특이한 텍스트다. 같은 책을 읽고 같은 사건을 마주해도 우리의 해석은 완전히 똑같을 수 없었다. 가족과 관련된 이야기를 나눌 때 시골에서 자라며 가정폭력을 경험했던 나와, 서울의 화목한 가정에서 자랐던 친구의 생각이 달랐다. 여성 연대를 얘기할 때 여남공학 대학을 다니며 동년배 남자들을 가까이에서 마주하던 나와, 여대에 다니는 친구의 생각이 달랐다. 비수도권 지역의 남초 학과에서 공부하던 친구, 대학에 가지 않은 친구의 생각은 더더욱 달랐다. 다른 생각들을 주고받으며 우리는 결론을 내기보다는 인식의 범위를 확장시켰다. 그 모든 과정마다 나는 나만의 페미니즘을 확립해 나갔다.

성인이 되어 꾸려나갔던 이러한 인간관계에 너무 익숙했던 나머지, 갓 사회인이 된 나는 사회생활의 첫 단추를 내 손으로 잘못 끼우고 말았다. 회사에서 만난 여성들에게 너무 많은 기대를 걸었던 게 실수였다. 상대방이 어떤 사람인지 제대로 알기도 전에 일방적으로 친밀감을 쌓아버린 것이다. 특히 내 또래의 젊은 여자들일수록 기대가 컸다. 여성 연대와 자매애 같은 개념에 심취해 페미니즘이 내게 알려준 가장 포괄적인 명제, '근거 없는 전제와 편견을 버려야 한다'는 사실을 잊어버린 거였다. 나는 회사에서 만난 여성들이 삭막한 사회생활 속에서 페미니스트로서의 고단함을 나눌 동료가 되어줄 거라고 착각하고 말았다.

하지만 시간이 지나며 그 믿음에는 조금씩 균열이 생겼다. 나를 포함한 동기들은 입사 직후 나란히 사회부에 배치됐다. 내가 일을 시작한 때는 페미니스트로 정체화한 지 오래된 사람들과, 그러지 못하고 뒤처진 채 백래시backlash[*]

---

[*] 사회·정치적 변화에 대한 강한 반발.

를 조장하는 이들이 대립하던 시점이었기에 페미니즘 이슈를 취재할 일이 많았다. 나는 남자 동기나 선배들과 의견이 다를 때마다 여자 동료들이 나와 비슷한 의견을 내주기를 바랐지만 그런 일은 일어나지 않았다. 내가 단톡방에서 남자들의 흔하고 불쾌한 농담에 찬물을 끼얹고 싸울 태세를 하고 있으면, 어떤 여성 동료는 뒤늦게 메시지를 읽고 '그럴 수도 있지'라는 말을 덧붙여 나를 당황하게 했다. '어떻게 그럴 수 있지? 다른 사람은 몰라도 여자인 당신은 그럴 수 없는 것 아닌가?' 그렇게 말하지는 못했다. 괜한 '여적여'로 보이고 싶지 않기 때문이다.

여적여. 직장인이 된 직후 페미니스트-직장인 친구들과 이야기를 할 때 입버릇처럼 했던 말 중 하나는 "내가 진짜 여자 욕은 안 하려고 했는데"였다. 짧지만 우리의 고민과 혼란이 모두 담긴 말이다. 페미니스트가 되는 과정에서 여성은 그동안 사회에서 자신도 모르게 학습했던 '여적여' 담론을 다시 바라보게 된다. 가부장제는 체제를 유지하기 위해 여성 집단 내부의 싸움을 유도한다. 가부장제 안에서 여성들의 주요한 목표 중 하나는 남성에게 선택받는 것이어야 하고, 여자들은 더 괜찮은 남자에게 선택받기 위해 다른 여자들을 경쟁상대로 여겨야만 한다. 취업 준비 과정도 다르지 않았다. 여성에게 할당된 한 줌의 자리를 두고 경쟁해야 하는 구도 속에서 여자들은 취업에 성공하기 위해 남자가 아니라 여자를 제쳐야만 한다는 사실을 체득한다. '김치녀'부터 '맘충'까지, 여자를 욕하는 것이 대중적인 오락거리인 한국 사회에서 여자들은 욕을 먹는 여자들과의 거리두기도 내재화한다.

하지만 나처럼 페미니스트 정체성을 일찍 갖게 된 여자들에게 '여적여' 담론은 유효하지 않다. 대신 우리에게는 여성을 동지로 바라보는 경향이 자리 잡았다. 이런 경향은 페미니스트 정체성만 갖고 있을 때는 그다지 문제가 되지 않았지만, 페미니스트–직장인이 되자 갑자기 나를 갉아먹기 시작했다. 회사생활이란 밥벌이의 고단함과 동의어고, 직종과 회사를 가리지 않고 고단함의 원인의 8할은 사람이 차지한다. 대부분의 사회초년생처럼 우리도 입사 초반에는 친구를 만나 회사의 '빌런'을 욕하기 바빴는데, 그 순간에도 여자 빌런 이야기를 할 때마다 일종의 '쿠션어'를 깔았다. 이제 겨우 여자를 적이 아닌 동지로 인지하기 시작했는데, 여기서 내가 어떤 여자를 욕한다면 '여적여' 담론을 강화하는 행동이 아닐까 고민했던 것이다.

어느 날엔 여자 동료를 미워하고, 다음 날이 되어선 그들을 미워하는 나 자신을 다시 미워하는 쳇바퀴를 돌았다. 지금도 그 쳇바퀴를 완전히 벗어났다고 말할 수는 없지만 (나는 여전히 친구들과 일터의 여자 빌런 이야기를 하고 나면 '여혐 지옥'에 떨어질 거라고 자조한다), 나름대로 명제를 만들었다. '여자'라는 접두어를 포스트잇이라고 생각하기. 포스트잇을 원하는 위치에 제대로 붙이지 못했다고 자책하는 사람은 없다. 조금 비뚤어졌으면 떼고 다시 붙이면 된다. 붙였던 포스트잇을 다른 곳으로 옮겨야 할 때 기존의 포스트잇을 버리고 새로 써서 붙이는 사람도 드물다. 포스트잇을 툭 떼서 새롭게 원하는 위치에 붙이면 그만이다. 뗐다가도 얼마든지 다시 붙일 수 있는 게 포스트잇의 장점이자 본질이다.

내 주변에 더 많은 여성 기자와 여성 동료가 있었으면 좋겠다고 늘 생각하지만, 그들이 항상 '여성' 기자와 '여성' 동료라는 정체성을 1순위로 두고 살기를 기대하지 말아야 하고 또 그럴 필요도 없다. 굳이 내가 그렇게 생각하지 않아도 여성 기자는 대부분의 순간 '기자'보다는 '여기자'로 살아가게 돼 있다. 남성이 주를 이루는 언론사의 관리직이나 대개 중년 남성인 취재원들까지, 많은 사람들이 '여성기자'라는 단어에서 기자보다는 여성에 방점을 찍는다. 남기자보다 더 대우해주고 배려하는 척하지만, 실제로는 직업적 능력에 '여자'라는 한계를 설정하는 것이다. 나 역시 그런 말을 많이 들었고, 기자가 아닌 다른 직종에서도 보편적인 일이다. 그렇기 때문에 내 앞이나 옆, 뒤에 있는 여성들의 성별을 의식하지 않으려는 노력이 필요하다고 생각했다. 여자 선배가 나를 잘 챙겨줄 거라는 기대감이나 내가 여자 후배를 챙겨야 한다는 각오는 나름대로 유효할 수 있겠지만, 그걸 항상 떠올리며 살지는 않겠다고 생각하게 되었다. 보고 배울 수 있는 여성 동료나 선배가 많으면 좋겠지만, 없다고 해서 굳이 실망하지는 않겠다는 다짐도 했다.

그렇게 생각을 정리하고 나니 내가 회사에서 알게 된 여자들은 나와 아주 다른 사람들이라는 게 보였다. 취미나

관심사도 다양했고, 사안에 대한 가치판단을 할 때 생각과 논리를 전개하는 방식도 각양각색이었다. 처음에는 몇몇 여성 동료들을 보면서 이들이 페미니스트지만 페미니스트에게 찍히는 낙인의 위험성을 잘 알고 있어 그 사실을 숨기려고 하는 게 아닌가, 하는 생각도 했다. 하지만 시간이 지날수록 가설을 수정해야 했다. 나와 비슷하게 살아온 또래 여자가 모두 페미니스트일 수는 없었다. 우연히 같은 시기에 같은 회사에서 일하게 됐을 뿐인 사람들을 운명인 것처럼 생각해서도 안 되는 거였다.

당황하거나 좌절할 일도 아니었다. 이후 시간이 쌓이면서 나는 어떤 여자 선배, 동료, 후배는 나보다 조금 더 조심스러운 사람일 뿐이라고 결론 내렸다. 문제의식이 전혀 없는 것이 아니라, 그것을 드러내는 방법이 나보다 차분하고 부드러운 편일 뿐이라고 말이다. 친구들과 이야기하는 수준으로 회사 동료들과 페미니즘을 논한 적은 없고, 그들이 모두 페미니스트라고 말하기도 쉽지 않지만, 사회 이슈에 대한 생각이나 각자가 살아온 삶을 조금씩 알아가는 과정에서 그들의 조심스럽고 차분하고 부드러운 태도는 충분히 선택할 만한 결론이자 일종의 생존법이었다고 생각하게 됐다. 오히려 나는 그들이 여자라는 이유로 나와 비슷한 페미니스트라고 넘겨짚느라 그들에게 좋은 선배나 후배, 동료가 될 타이밍을 놓쳤다는 게 아쉽게 느껴진다.

여성은 여성이 돕는다는 명제, 정확히는 여성은 여성만이 도울 수 있다는 주장에 마음을 빼앗긴 시절도 있었다. 취업 전, 페미니즘 이슈가 내 일상의 큰 부분을 차지하던 시절부터 온라인에서는 '생물학적 여성'이라는 단어가 나타났고 퀴어 담론을 배척하는 이야기들이 힘을 얻기 시작했다. 여성 의제는 남성의 도움 없이 여성들이 힘을 합쳐 해결하겠다는 주장은 충분히 설득력을 가질 만했다. 같은 편이라고 생각했던 페미니스트 집단 내부에서도 설전이 오가던 때였다.

그때 내가 떠올린 건 스무 살이 되어 배운 두 가지 명제였다. 갓 대학생이 되었을 때, 과 생활을 해보고 싶은 마음에 학회에 가입한 적이 있었다. 다양한 책을 읽고 토론하는 곳이었는데, 불과 얼마 전까지 독서라고는 토막 난 글을 읽고 재빠르게 문제를 풀어나가는 것만 반복했던 새내기들에게 학회 선배들이 가져온 책들이 쉬울 리가 없었다. 세미나 때 할 수 있는 말이라고는 "무슨 말인지 잘 이해가 안 돼요……" 가 전부였다. 그때 한 선배가 해준 말은 이후 내가 무언가를 고민할 때 자주 기준이 됐다. "뭐가 뭔지 모르겠을 때는 그 이야기 밑에 깔린 전제가 무엇인지 고민해. 그 전제를 아무 의심 없이 받아들여도 되는지를 생각해."

페미니즘이 뭐냐는 질문에 내가 내놓는 답 가운데 하나는 '소수자의 말과 행동이 그 집단 전체를 대표하는 것으로 여기지 않는 것'이다. 이 정의에 따르면 페미니즘은 한 여성의 언행을 여성 전체의 특징으로, 소위 '싸잡아' 설명하지 말아야 한다고 주장하는 것이 된다. 동시에 페미니즘은 그 문장의 주인공을 여성뿐 아니라 퀴어, 장애인 등 다양한 소수자로 넓혀가는 작업이기도 하다. 소수자의 굴레를 없애는 학문이자 실천이라고 생각했던 페미니즘이 다시 누군가에게 '딱지'를 붙이는 도구가 되는 것은 옳지 않다고 나는 결론 내렸다.

시간이 흘러 20대 후반이 된 내가 지금 가장 좋아하는 문장 중 하나는, 여성학자 정희진이 《정희진처럼 읽기》에 쓴 "궤도 밖에서 사유해야 궤도 안에서 살아남을 수 있다"는 말이다. 책 읽기를 넘어 생활의 영역에도 충분히 적용 가능한 문장이다. 때로는 여성이라는 구호와 개념 밖에서 생각해야 페미니즘 안에서 살아남을 수 있다고 믿는다.

전은영

옆자리 여자와 연대할 수 있을까?

2장

우리는 우리의

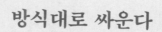

방식대로 싸운다

얼마나 더 씩씩해야 할까?

그 사건은 일요일 오전의 경찰서에서 일어났다. 당시 나는 언론사에 입사한 지 반년이 채 안 된 수습기자의 신분으로 서울 시내 경찰서를 전전하고 있었다. 이른바 '마와리'였다. 기자를 다룬 영화나 드라마에서도 자주 등장하는 마와리는 언론사가 수습기자를 교육하는 방식의 하나다. 수습기자에게 경찰서 몇 곳을 임의로 배정하고 2~3시간마다 해당 지역에서 발견한 사건 사고를 보고하도록 하는 것이다. 당연히 경찰들이 사건 사고를 쉽게 말해줄 리는 없어서, 배경지식이나 요령이 없는 수습기자가 단 몇 시간 만에 보고할 만한 사건을 알아내기란 쉽지 않다. 그래서 대개 마와리 시절은 혼란과 고통으로 채워지고는 한다. 나 역시 입사 후 반년 정도 경찰서 여기저기를 떠돌며 좌절을 경험했다.

하지만 인간은 적응의 동물이라고, 영영 익숙해질 것 같지 않던 마와리도 조금씩 적응이 됐다. 나름의 요령이 생기니 마와리는 더 이상 고통과 인내의 시간만은 아니었다. 그날은 적당히 따뜻한 봄이었고, 그곳은 내가 한 달 가까이 집보다 자주 갔던 경찰서였으며, 어쩐지 선배도 마음이 너그러워 보였다. 편안한 마음으로 일요일 아침의 한산한 형사과를 찾아 이미 여러 번 대면했던 팀장과 얘기하던 중이었다. 그도 그날따라 큰 사건이나 사고가 없어 심심했던지 갑자기 나에게 퀴즈를 냈다.

"전 기자, 만약에 전 기자가 경찰들이랑 새벽까지 진탕 술을 먹었어. 눈을 떴더니 경찰서 숙직실 같은 데야. 머리는 깨질 것 같고 술 먹고 어떻게 여기까지 왔는지 생각이 하나도 안 나. 그럼 밖에 나가서 경찰들한테 뭐라고 할 것 같아?"

예상치 못한 퀴즈에 나는 나름대로 재빠르게 머리를 굴

렸다. 진짜로 그런 상황이 올 거라고 가정하고 고민한 건 아니었다. 뭐라고 대답해야 내 앞에서 이 질문을 던진 형사 아저씨를 흡족하게 할 수 있을지를 고민했다. 딱히 참신하고 매력적인 답이 떠오르지 않았지만, 대화가 원활하게 이어지려면 정적이 길어져서도 안 됐다. 얼굴에 적당한 사회인의 미소를 장착하고 대수롭지 않은 듯이 답했다.

"나가서 '죄송합니다!' 하고 싹싹 빌어야겠죠, 뭐. 근데 보고를 안 했고 연락도 안 됐을 테니 기자 선배들이 절 먼저 죽일 것 같은데요. 하하."

완벽한 대답은 아니겠지만 대학교 학점으로 친다면 B+ 정도는 될 것 같다고 스스로 만족스러워하며 호탕하게 웃었다. 하지만 안타깝게도 오답이었다. 알고 보니 그건 정답이 정해져 있는 기출문제였다. 팀장은 내게 실망했다는 듯이 이렇게 말했다.

"씩씩한 줄 알았는데 한참 멀었네. 한 10년 전에 전 기자보다 더 씩씩한 여기자가 있었거든? 그 기자가 우리랑 술을 엄청 마시고 뻗어서 경찰서에 눕혀 놨는데, 일어나자마자 뭐라고 한 줄 알아? '아, 형님! 해장하러 가셔야죠. 안 가세요?'라고 하는 거야. 부끄러워하는 기색 하나도 없이. 그 여기자, 일도 잘했고 아마 바이스*도 하고 그랬을 걸?"

약간은 한심해하는 것 같은 표정 앞에서 "어유, 분발해
야겠습니다. 하하"라고 말하고 황급히 경찰서를 빠져나왔
다. '더 씩씩한 여기자'라는 말이 유독 소화되지 못하고 질
겼다.

자기주장이 강하고 목소리가 크고 친구들과 어울리는 것
을 좋아하고 공부도 곧잘 했던 1990년대생 여자애라면 누
구나 학창 시절에 들어봤을 말들이 있다. 조폭 마누라, 드
세다, 사납다, 여장부 같다, 괄괄하다……. 씩씩하다는 단
어는 그 모든 말들을 포괄하며 20년 가까이 나와 같은 여
자애들 앞을 수식해왔다. 뭔가 찝찝하긴 했지만 완전히 부
정적인 의미의 단어는 아니었기에, 나는 씩씩한 여자애
라는 말을 들으면 어딘가 좀 특별한 사람이 되는 것 같다
고 생각했다. 여자애 같지 않은 여자애, 씩씩한 여자애. 경

---

* 언론사 사회부에서 경찰청을 담당하는 기자.

상도 장녀로 태어난 덕분에 어릴 때부터 세상에 성차별이 있다는 건 알았지만, 나는 씩씩한 여자애니까 그런 것쯤은 극복할 수 있을 거라고 믿고 살았다.

페미니즘의 세계에 발을 딛고 알게 된 '명예남성'이라는 단어는 나를 특별하게 만드는 씩씩함이 가져다주는 폐해를 생각해보게 만들었다. 다른 여성과의 거리두기를 통해 내가 얻는 것은 무엇인지, 가시거리를 짧게 만드는 여성혐오의 안개가 사라진 자리에 무엇이 남아있는지를 외면해왔다는 사실을 깨달은 것이다. 어떤 성격을 가지고 있더라도 여성이라는 이유만으로 힘들어선 안 된다는 것이 내가 배운 페미니즘이었다. 그래서 그 이후로 나는 '씩씩한 여자애'라는 내 특징을 최대한 덜 드러내려 했다. '외향적이고 하고 싶은 말이 많은 사람이긴 하지만, 그 사실을 나도 모르게 더욱 꾸며내지는 말아야지. 내 큰 목소리가 다른 여자들의 의미 있는 목소리를 가리는 건 아닌지 주위를 살펴봐야지.' 페미니스트는 목소리가 크고 드센 여자나 하는 거라는 편견을 강화하고 싶지 않다는 마음도 컸다.

하지만 마와리 시절, 그런 고민은 빛을 잃었다. 남성 중심적인 일터는 생각할 시간을 주지 않았다. 경찰서는 낯선

얼마나 더 씩씩해야 할까?

장소였고, 경찰은 태어나 처음 만나보는 종류의 사람이었다. 주 52시간제가 전면적으로 시행되기 전이었던 마와리 초반에는 새벽부터 자정까지, 토요일 하루만 빼고 한 주에 엿새를 일했다. 월급을 훌쩍 뛰어넘는 택시비를 쓰며 서울 여기저기를 돌아다니다가 경찰서에서 기절하듯 잠드는 생활이 반복되다 보니 무언가를 진득하게 생각할 틈이 없었다. 신문방송학을 전공하며 기자 출신 교수님에게 이골이 나도록 들었던 취재 윤리는 물론, 페미니스트가 되고 정립한 삶의 태도 같은 것도 다 무無의 상태가 됐다. 그 시절 내게 주어진 명제는 단 하나였다. '무슨 짓을 해서라도 보고할 거리를 만들어야 한다.'

이성理性이 사라진 곳에서 여자 수습기자가 택할 수 있는 전략은 크게 두 가지가 있다. 씩씩하거나 혹은 상냥하거나. 바꿔 말하면, '남성성'을 장착하거나 혹은 '여성성'을 과장하거나. 많은 기자가 일상적으로 40~50대 중년 남성 취재원을 만난다. 기자를 그만두지 않는 이상 언젠가는 나도 그들과 비슷한 나이의 중년이 되겠지만, 회사에 입사한 순간부터 최소한 10여 년은 상대방보다 '한참 어린 여자애'의 입장에서 무언가를 캐묻고 기사를 쓰고 때로는 언쟁하며 밥벌이를 해야 한다. 택할 수 있는 전략이라고 표현했지만 사실 피할 수 없는 선택의 기로에 가깝다.

씩씩함과 상냥함 가운데 내가 택한 것은 익숙해서 쉬운 씩씩함이었다. 기자가 되기 전까진 경찰서 근처에도 가본 적이 없는 소시민이지만 경찰서를 전혀 무서워하지 않는 사람처럼 굴기. "어떻게 오셨습니까?" 하고 앞을 막아서는 의경들에게 하나도 당황하지 않은 척 태연하고 대수롭지 않게 "출입기잔데요"라고 답하기. 연락을 받아준 경찰들에게 입에 착 감기지 않는 '다나까'로 최대한 우렁차게 대답하기. 이게 내 선택의 구체적인 모습이었다.

일요일 오전의 퀴즈가 있기 전까지 나는 내 전략이 꽤 성공적이었다고 생각했다. 가끔 경찰들에게 기자 생활이 힘들다고 토로하면 그들은 내게 경찰 시험을 준비하라며 껄껄 웃었다. 경찰들이 건넨 "씩씩해서 앞으로도 일 잘하겠네", "웬만한 남자 기자들보다 더 목소리가 크고 힘차네" 같은 말은 머릿속에서 자연스럽게 칭찬으로 분류됐고, 때로는 고달픈 수습기자 시절을 버텨내는 동력이 되기도 했다. 남자 동기들은 마와리가 군대보다 힘든 것 같다고 말하기도 했기에 나는 내가 남자들도 버티기 어려운 힘든 시절을 좋은 전략으로 잘 헤쳐나가고 있는 줄로만 알았다. 하지만 실체 없이 구전된 '더 씩씩한 여기자' 앞에서 내 전략은 유통기한이 다하고 말았다.

나름대로 열심히 씩씩한 여기자의 모습을 하고 살고 있었는데, 더 씩씩해지라고, 너는 아직도 덜 씩씩하다고, 한참 멀었다고 말하는 사람을 만났다. 처음엔 '명예남성 전략'을 내가 제대로 수행하지 못하고 있는 걸까 고민했다. 하지만 그 말을 곱씹으면 곱씹을수록 여기서 더 씩씩해지는 것, 더 남자처럼 구는 것은 나와 맞지도 않을뿐더러 아무리 노력해도 내가 성취할 수 없는 실현 불가능의 영역이라는 생각이 들었다. 그때 나는 경찰서 화장실에서 얼음장 같은 물로 대강 머리를 감았고, 내 말을 끊기 위해 담배를 피우러 가버리는 경찰에게 "저도 담배 태우는데 같이 가시죠"라고 말하며 따라붙었고, 여성혐오를 잃지 못한 여성청소년과* 경찰의 불쾌한 농담에도 같이 고개를 끄덕거렸다. 나는 이미 내가 생각할 수 있는 거의 모든 '남성스러움'을 실천하고 있었다. 그런데 여기서 더 하라고? 어떻

---

* 가정폭력·성폭력 사건 등을 담당하는 경찰 내 부서.

게? 아니, 그것보다…… 왜 그래야 하는데?

'명예남성 되기'는 일종의 불량식품 같은 것이다. 여자 사회초년생에게 명예남성이 되는 전략은 매력적이고 유효한 전략으로 보인다. 사회적 남성성을 단순히 흉내만 내면 된다는 측면에서 실천하기도 그리 어렵지 않다. 게다가 마와리 초반에 내가 생각한 것처럼 효과도 꽤 있는 것 같다. 학창 시절 누구나 비슷한 불량식품을 달고 살았던 것처럼, 명예남성 되기는 나 말고도 많은 여자들이 채택하는 전략이기에 죄책감도 크지 않다. 하지만 불량식품 같은 명예남성 되기에는 한계가 없고, 결과적으로 해롭기까지 하다.

경찰이 내게 말해줬던 얼굴도 이름도 모르는 어떤 여자 선배처럼 세상엔 나보다 더 씩씩한 사람들이 많다. 훨씬 영리하게 전략을 수행하는 사람도 있고, 전략이 필요 없을 정도로 타고난 성격이 활달하고 적극적인 사람도 많을 것이다. 그러므로 명예남성이 되기 위해 노력하는 건 실체도 보이지 않는 가상의 적과 경쟁하려 드는 꼴이다. 남성 취재원이 룸살롱에 갈 때 뻔뻔하게 따라가 중요한 정보를 주워들었다거나, 남자들도 혀를 내두를 정도로 술을 잘 마셔서 만취한 취재원으로부터 단독 기사를 얻어냈다거나 하는 이야기들은 도처에 널렸다. 그런 얘기를 듣다 보면 더 남자 같아져야 한다고, 그래야만 일 잘하는 사람으로 인정받을 거라고 착각에 빠지곤 한다. 절대 그럴 수 없는데도 말이다.

그렇다고 해서 내가 그 일요일의 퀴즈 사건 이후에 명예 남성 전략을 그만뒀냐고 묻는다면, 그렇지는 않다. 전략과는 무관하게 내 실제 성격은 조용하고 얌전하고 차분한 것과는 거리가 멀기 때문에 입사 직후부터 내 이미지는 '남자 같은 여자애'로 굳어졌다. 그래선지 경찰서 생활 이후에도 나는 계속 젊은 여기자를 잘 보내지 않는다는 부서와 팀만 맡아왔다. 그 가운데 어떤 팀은 생긴 지 10년이 됐는데도 여성 기자가 온 것은 내가 처음이라고 했다. 여전히 기준을 잘 모르겠지만 '여자를 잘 보내지 않는다'던, 그래서 '남자 같은 여자애'인 내가 가게 됐던 팀은 대체로 체력적으로 힘들고 사람을 만나는 일이 물리적으로 고생스러운 곳인 듯하다. 출입처 자체가 대단한 남초 사회여서 저녁 자리를 한번 하면 토할 때까지 술을 먹어야 하거나, 학연·지연·혈연은 물론이고 흡연까지 끌어와서 맨땅에 헤딩하며 취재원을 만나야 하는 업계 말이다.

그래서 나는 지금도 취재원을 만나면 친구들과 있을 때보다 더 큰 목소리로 호탕하게 웃곤 한다. 술자리에 있던 아저씨 취재원들이 삼삼오오 담배를 피우러 나가면 마와리 시절 경찰에게 그랬던 것처럼 "저도 담배 피우는데 같이 나가시죠" 하며 따라 나간다. 그들은 여자인 내가 자신들의 사적인 담배타임마저 침범할 수 있다는 사실에 흠칫 놀라고 아주 살짝 언짢아 보이기도 하지만, 대개 "오, 전 기자님 담배도 태우시는구나~" 하고 프로 사회인의 미소를 짓는다. 그 말 뒤에 '너는 진짜 남자 같은 여자애구나'라는 시각이 숨어 있음을 모르진 않지만, 나는 씩씩한 여기자답게 "과장님, 전자담배 피우세요? 전 연초 아니면 못 피우겠던데!" 대꾸하며 한 발 더 나아간 센 척으로 응수하기도 한다. 같이 있던 남기자가 전략적으로 취재원을 형이라고 부르겠다고 할 때, 못 들은 척하거나 가만히 있는 대신 "그럼 저도 형이라고 부를래요!"라고 말하기도 했다. 물론 그런 날엔 집에 가서 '그렇게까지 하지는 말걸' 하고 머리를 쥐어뜯기도 하지만.

기자뿐 아니라 많은 직업군에서 여자 사회초년생들이 비슷한 선택을 한다. 입사 전부터 전략적으로 명예남성의 옷을 입는 경우도 많다. 취미나 특기를 묻는 구태의연한 입사지원서에 여성이지만 체력이 강하다는 것을 강조하기 위해 마라톤이나 수영 같은 운동을 써내거나, 면접장에 치마 대신 바지 정장을 입고 가는 식이다. 코로나19 이후에는 많이 줄었다지만 회식에 빠지지 않고 최대한 끝까지 남으려 노력하기도 한다. 명예남성 되기는 한계가 뚜렷한 전략이지만, 사회가 아직도 너무 성차별적이어서 한 번쯤 눈길을 주지 않고는 못 배기는 전략이기도 하다. 그렇다고 흔히 말하는 '여성적'인 성격의 여자들이 여성성을 바탕으로 수월히 살아가느냐 하면 그렇지도 않다. 아마도 나를 포함한 많은 여성 노동자들은 오랫동안 명예남성 되기라는 달달한 불량식품 같은 선택지를 쥐었다 놓았다 하는 갈등을 반복하며 일할 것이다.

전은영

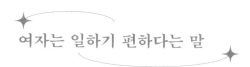

여자는 일하기 편하다는 말

"친해져야 하는데, 그렇다고 너무 친해지면 안 된다."

회사에 들어온 지 얼마 안 됐을 때 여자 선배들은 나를 챙겨주며 말했다. 열심히 하는 건 좋지만 술을 너무 열심히 마시지는 말라고. 비밀을 알려주듯 목소리를 낮춰 이런 말도 했다. 점심은 괜찮지만 취재원과 단둘이 저녁 자리는 갖지 말라고. 딱히 아저씨들과 단둘이 술잔을 기울일 마음은 없었기 때문에 저런 얘기를 왜 하는 건지 처음엔 이해가 안 됐다.

걱정이 기우가 아니었음은 금방 알게 됐다. 이런저런

여자는 일하기 편하다는 말

이유로 업무의 연장선에서 술자리를 갖는 일이 잦아졌다. 대면해야 하는 취재원들은 주로 40~50대 남성이었다. '미투'의 영향으로 부장들은 회식 자리에서 술을 강권하지는 않았다. 더 이상 예전처럼 기자가 '갑'은 아니라지만 어쨌든 명목상으로는 취재원과 기자라는 지위가 있었기 때문에 대놓고 함부로 대하는 경우도 드물었다. 하지만 어린 여자 기자와 같이 술 마시는 상황 자체를 즐기는 아저씨들은 너무 많았고, 거의 모든 술자리는 불편했다. 자리를 마치고 집에 오는 길에는 온몸의 진이 다 빠졌다. 억지로 웃느라 입꼬리에 경련이 일어날 것 같았다. 분위기에 맞춰 술을 마시면서도 정신을 똑바로 차려야 했다. 술을 너무 안 마시면 빼는 걸로 보일까 봐, 너무 취하면 만만해 보일까 봐 시계추처럼 이쪽과 저쪽을 오가며 눈치를 봤다.

우스운 자기방어 전략도 터득했다. 아버지 나이대인 취재원에게는 자녀의 나이를 물어봤다. 아이가 1993년생이면 "어머, 저도 93년생이에요!" 하고 외쳤고, 1995년생이면 "제 동생도 95년생이에요!" 하고 공감대를 찾았다. 그런 사람들 앞에서는 더 순진한 표정을 짓고 눈을 깜빡였다. 일 열심히 하는 귀여운 딸뻘로 보이겠다는 나름의 계산이었다. 어떤 여자 선배는 50대 취재원에게 "삼촌!" 하고 외쳐본 적도 있다고 했다.

취재원 아저씨가 유사 데이트 분위기를 잡아가려는 게 아닐까, 하는 불길함이 엄습하면 갑자기 자식 얘기를 꺼냈다. "아기는 잘 크고 있죠? 사진 보니까 너무 귀엽더라구요!" 그러면 상대는 내 쪽으로 숙이던 어깨를 갑자기 일으켜 세웠다. 어떨 때는 일부러 '남자처럼' 보이려고 노력했다. 친한 취재원과 자료를 보며 대화하는데 거리가 너무 가까워진다 싶으면 아저씨처럼 다리를 쩍 벌리고 "아, 진짜 너무 어렵네~" 하며 '덜 여성적인' 사람의 흉내를 냈다. 머리를 벅벅 긁으며 괜히 굵은 목소리를 내기도 했다. 지금 이 상황이 너무 '로맨틱하게' 흘러가는 걸 막기 위한 본능적인 연기였다. 되돌아보자니 블랙코미디지만, 이런 일은 정말로 자주 일어났다.

내가 영악하게 이런 '전략'을 적절히 잘 활용하기만 했던 건 아니다. 한 발 삐끗해서 최악의 관계가 된 경우도 있다.

여자는 일하기 편하다는 말

일 년 넘게 친한 관계를 이어가던 취재원이 있었다. 나와 띠동갑인 40대 초반 남성으로, 출입처의 실무 업무를 담당하던 내부 직원이었다. 업무 관련 행사에 참석한 그에게 무작정 다가가 명함을 교환했고, 이후 따로 연락해 찾아가 많이 가르쳐달라고 이것저것을 물어봤다.

그가 만약 기업 홍보팀 직원이었다면 별다른 문제가 없었을 것이다. 그들은 기자를 만나는 게 본인의 업무고, 티미팅이나 점심 식사 자리는 당연한 일과 중 하나다. 업무 과정에서 문제가 발생하면 각자의 밥벌이에 영향을 미칠 수 있기 때문에 선을 넘지 않는다. 너무 친해지지도 않고 너무 날을 세우지도 않는다. 하지만 이 취재원은 공식적인 업무로 묶인 관계가 아니었다. 내가 먼저 그에게 도움을 요청했고, 가끔 연락을 해 안부를 묻고 기삿거리를 얻기도 했다. 그는 나름대로 회사에 바라는 점과 불만이 많은 사람이어서 대화가 잘 통했고, 비밀이 보장되는 취재원이었기 때문에 긴밀하고 중요한 이야기를 전해주기도 했다. 그가 슬쩍 건네주는 내부 정보로 나는 적당히 유의미한 단독 기사를 쓰며 회사에서 인정받을 수 있었다.

몇 번 이런 도움을 받은 후 고마운 마음에 식사를 대접

하고 싶다고 말했다. 점심시간은 빠듯하다고 하길래 저녁을 먹었다. 별다른 불편함 없이 식사를 하고 즐겁게 대화를 나눈 후 헤어졌고, 몇 달 후 비슷한 식사 자리를 또 가졌다. 공식적인 관계가 아니었기 때문에 시간이 지날수록 친목의 성격이 짙어졌다. 내 출입처가 바뀐 후에는 더 이상 정보를 위해 만날 이유가 없었지만 두어 달에 한 번씩은 만나서 저녁을 먹고 술을 마셨다.

자기방어를 하자면, 문제가 생긴 그날 이전까지 상대는 단 한 번도 스킨십을 시도하지 않았다. 취재원들과의 저녁 술자리에서 으레 느끼는 불편함도 없었다. 술을 마시더라도 언제나 막차가 끊기기 전 집에 들어갔다. 상대는 내가 나이가 한참 어리지만 배울 점이 많은 친구라고 말했고 늘 존댓말을 썼다. 자주 만나지는 않았지만 알고 지낸 기간이 길어지며 신뢰가 쌓였다. 나는 이 관계가 사회에서 만난 친구 같은 거라고 생각했다. 데이트 같은 부분이 있었다는 점을 완전히 몰랐던 건 아니었다. 다만 상대가 '선을 넘지는' 않을 거라는 확신이 있었던 것 같다.

어느 날 여느 때처럼 몇 달 만에 만나 술을 마시고 직장 생활과 이직과 연애와 결혼에 대해 열띤 토론을 하고 나오던 길이었다. 상대는 택시를 잡는 나에게 갑자기 키스를 해도 되냐고 물었다. 당황한 내가 대답할 시간도 없이 상대가 스킨십을 시도했다. 정신을 차리고 손을 뿌리쳤고, 죄송하다고 말하고 택시를 탔다. 그 후로 그와의 관계는 완전히 망했다.

몇 번 연락이 왔지만 답을 하지 않았다. 상대도 그 일을 후회했을 거라고 생각한다. 관계라는 게 단순히 한 가지 목적과 방향성을 갖지만은 않는다. 상대가 나를 한 번 자보고 싶은 어린 여자로 봤던 것도 사실이겠지만, 그와 내가 자신의 일과 이루고 싶은 목표에 대해 토론하며 나름의 우정을 나눴던 것도 사실이다.

그러나 멋도 없고 재미도 없었던 스킨십 때문에 이 관계는 우정이라는 이름도 유지하지 못하게 됐다. 취재원도 잃고, 사회에서 만난 친구도 잃고, '선'에 대한 감도 잃었다. 이 일이 있기 전까지 나는 내가 나름대로 선을 잘 지키면서 관계를 맺는 법을 터득했다고 생각했는데, 그런 나의 감각도 신뢰할 수 없게 만든 최악의 경험이었다.

비슷한 연차의 기자 친구들 또한 상황은 다르지만 취재원과의 관계가 유사 연애처럼 흘러가는 것 때문에 고민하는 경우는 흔했다. 한 친구는 출입하고 있는 기업의 홍보팀 남성 직원과 자주 업무 연락을 주고받았고, 가끔 식사를 하기도 했다. 그 직원은 보도자료 내용을 자세하게 설명해줘서 기사 작성에 도움을 주거나 종종 지나가는 말로 취재 소스를 던져줬다. 친구는 그의 친절함이 좋은 관계를 유지하는 홍보팀과 기자 사이의 호의라고 생각했다. 그러나 그가 지나치게 자주 사적인 연락을 하는 게 부담스러워 거리를 두기 시작하자, 그의 '호의'는 뚝 끊겼다. 친구는 다른 언론사 기자가 쓴 기사들을 보면서 그동안 자신에게 주어지던 정보가 저 기자에게 가고 있다는 느낌을 받았다고 했다. 그 기자 역시 연차가 낮은 여자 기자였다. 일에 대한 의욕이 넘치고 정보에 목마른 어린 여자 기자들에게 자기가 가진 알량한 정보를 대가로 '연애하는 기분'을 갈취하는, 더럽게 찌질한 유부남들의 모습이었다.

한편 '여기자의 취재 방식'은 술자리 단골 소문이다. 경찰들과 술을 마시다가 잠든 척해서 중요한 정보를 들었다거나 취재원들에게 콧소리를 내 미팅을 잡는다는 여기자. 그렇게까지 하고 싶냐는 조롱과 질투 섞인 말도 흔하게 떠돈다. 어떤 기업의 임원은 남자 기자가 전화하면 퉁명스럽게 대하지만 여자 기자가 전화하면 친절하게 전화를 받아준다고 한다. 남자들은 그런 얘기를 하면서 여자 기자들은 일하기 편하겠다고 말한다. 못 들은 척 넘기지만 씁쓸한 마음을 지울 수가 없다. 그럼 어떻게 해야 하나? 나는 50대 남성 임원에게 어깨동무를 하며 "형님, 소주 한 잔 하시죠!" 할 수가 없다. 한 남자 선배는 양쪽이 모두 반칙이라고 생각한다고 말했다. 남기자들이 얼큰하게 취해서 형님 형님 하는 것도 반칙이고 여기자들이 아양을 떨어 정보를 얻어내는 것도 반칙이라는 얘기였다. 너무 당연한 얘기여서 고개를 끄덕이고 넘겼지만, 솔직히 그런 양비론으로 간단히 정리될 문제는 아니라고 생각했다.

사회에서 남자가 남자와 술자리에서 친해지는 것과, 여자가 남자와 술을 마셔 친해지는 상황을 같은 선상에 두긴 어렵다. 감수해야 할 위험도 다르다. 남자들이 술을 먹다 발생할 수 있는 가장 나쁜 상황이 뭘까? 술에 잔뜩 취해서 말싸움을 하거나 심할 경우 주먹을 휘둘러 감정이 상하는 정도일 것이다. 다음날 술 깨서 "형님, 죄송합니다" 하면 그만이다.

하지만 여자가 남자와의 술자리에서 고려해야 하는 최

악의 상황은 성폭력이다. 덜 나쁘면 문제를 제기하기 애매한 수준의 불쾌한 농담이나 성희롱, 최악으로 가면 동의하지 않은 신체 접촉이나 성폭행까지 걱정해야 한다. 둘이 눈이 맞아도 성추문이나 불륜으로 비화될 가능성이 부지기수다. 수습기자가 된 나에게 술자리를 조심하라고 말해주던 여자 선배들은 혹시나 이런 상황들이 발생할 가능성을 걱정했을 것이다.

미국 드라마 〈빅뱅이론〉에 이런 장면이 있다. 남자인 친구 라지와 실수로 하룻밤을 보낸 페니는 우정이 망가지는 걸 원치 않는다며 묻는다. "우리 다시 친구로 지내면 안 될까?" 하지만 라지는 섹스를 하면서도 우정을 유지할 수 있다며 이렇게 설득한다. "아이스크림 위에 올려진 초콜릿 토핑이 아이스크림을 망치는 건 아니야." 섹스는 우정이라는 아이스크림 맨 위에 올려진 토핑이라는 의미다. 성별이 다른 두 사람이 가까워질 때, 많은 사람들은 그들의 최종 단계로 섹스하는 사이를 떠올린다. '남자 여자 사이에 친구가 어딨냐', '술과 밤이 있는 한 남사친, 여사친은 없다'는 수많은 농담이 이를 방증한다. 페미니스트인 우리조차도 이 고정관념에서 자유롭지 않다. 여남 사이 '섹슈얼하지 않은' 관계에 대한 상상력이 빈곤하기 때문이다. 선례가 없는 상황에서 새로운 방법으로 관계를 쌓아가는 일은 쉽지 않다.

그렇다고 취재원과 저녁 자리를 피하기는 싫다. 일을 잘하고 싶다는 욕심이 내 안에도 있기 때문이다. 밥 먹고 담배를 피우면서 먼저 들어가 있으라고 말하는 남자들 사이에 부득불 끼고 싶은 마음이라고 해야 할까? '여학우'들은 집에 들어가도 되고 남자들끼리 맥주 한 잔 더 하자는 선배들을 보면서 나는 복잡한 마음이 들었다. 거기에 끼기는 싫었지만, 내가 없는 자리에서 회사의 은밀한 라인과 승진에 대한 얘기가 나오지는 않을까 전전긍긍했다.

남자들은 함께 잔뜩 술에 취하고 다음날 해장하며 걸쭉한 친분을 느낀다. 골프 치러 가서 사우나에서 서로의 알몸을 보고 수치심을 공유하며 끈끈한 형님동생이 된다. 여기에는 아무도 윤리적 잣대를 들이대지 않는다. "그렇게까지 해야 하나"며 비난하지도 않는다. 그러면 나는 여성이라는 나의 특성을 완전히 지워야 하는 걸까? 젊은 여자라는 점을 조금이라도 활용해서는 안 되는 건가? 남자들은 남자라는 점을 마구 활용하는데 나는 윤리적이기 위해서, 혹시 모를 문제를 미연에 방지하기 위해서 조신하게 행동해야 하는 걸까? 선을 지키며 성적 긴장감을 느끼는 것조차 안 될까? 선을 지키는 게 정확히 뭐지? 여기서부터는 판단이 어려워졌다.

가장 화가 나는 건 남성들은 애초에 이런 고민을 하지 않아도 된다는 사실이다. 남자 기자들도 취재원 '누님'들에게 아양 떠는 자신의 모습을 보며 자괴감을 느낄까? 단언컨대 절대 아닐 것이다. 나와 내 친구들이 남성 취재원들과의 관계 설정으로 스트레스를 받을 때, 남자 기자들은 도저히 이 부분을 이해하지 못했고 이해할 필요조차 없었다.

취재원과 기자 사이의 관계는 서로의 효용에 대한 계산과 인간적 친밀함이 분리할 수 없게 섞여 있다. 기자 일을 잘하려면 취재원과 친해져야 한다. 그런데 한국 사회에서 친해지기 위해서는 술을 마셔야 하고, 취재원의 90퍼센트 이상은 남성이고, 나이 든 남성과 나이가 어린 여성이 술을 마시면 너무나 당연하다는 듯 섹슈얼한 감정이 개입한다.

나는 취재원과 친해지고 싶지만 그들과 섹스하고 싶지는 않다.

가장 큰 문제는 일의 세계에서 주도권을 쥐고 있는 남성들이 여성을 동료로 받아들이는 데 아직까지도 미숙하다는 것이다. 몇 년 전까지만 해도 여자는 술자리의 보조 역할이라고 생각했던 사람들이 여자를 동등한 인간이자 업무 파트너로 대하는 법에 대해 알 리가 없다. 그리고 그 세대가 아닌 우리도 여자와 남자가 성적인 긴장감 혹은 연애나 결혼이라는 방향성 말고는 어떻게 친해지는지, 그리고 그 관계를 어떻게 유지하는지 잘 모른다.

몇 번의 경험이 쌓였어도 열댓 살 많은 남성들과 대체 어떻게 친분을 유지해야 하는지 아직도 모르겠다. 알 것 같으면 관계가 삐걱대기도 하고, 더 나은 방법을 몰라서 그들의 자녀와 나를 동일시해 나를 함부로 대하지 못하게 방어막을 치기도 해왔다. 그래도 나는 사회에 나온 후로 나름의 빅데이터를 쌓아가고 있다는 느낌을 받는다. 여성과 남성이 동등한 운동장에서 상호 성장하기 위해서는 어떤 관계를 만들어야 하는지, 우리에겐 시행착오와 경험치가 더 많이 필요하다. 내 경험을 공유하고, 다른 여자들의 사회생활에 대해서도 듣고, 여성을 동료로 만나본 적 없는 남성들과 더 많이 부딪히면 언젠가는 나름대로 나만의 가치관과 선을 정립할 수 있지 않을까? 다소 나이브하고 여전히 억울하긴 하지만, 그렇다고 이 구조에서 아예 뛰쳐나갈 수는 없으니까. 일단은 이렇게 생각하면서 내 서툰 사회생활의 의미를 찾고 있다.

김소라

롤 모델 여자 선배 찾기

여자 선배들은 떠나갔다. 주로, 여자 선배들이 떠나갔다. 회사에 다니는 동안 여러 이유로 수많은 여자 선배들이 회사를 그만두는 모습을 봐왔다. 종종 떠나간 여자 선배들의 자리와 아직 떠나지 않고 머물러 있는 여자 선배들의 얼굴을 번갈아 바라봤다. 그렇게 수십 번을 보다 보면 '매직아이'처럼 내 얼굴이 떠오를 거라고, 레퍼런스나 롤 모델을 그 속에서 발견할 수 있을 거라고 기대했던 것 같다. 당연히 그런 마법은 일어나지 않았고, 대신에 나는 아주 혼란스러워지기만 했다.

페미니스트가 된 후에도 경력단절은 나에게 크게 와닿는 주제가 아니었다. 여러 페미니스트 친구들이 경력단절이라는 단어에서 자신의 어머니를 떠올리며 공감의 영역을 넓혀나갈 때, 나는 약간 붕 뜬 기분으로 그걸 바라봤다. 내 주변엔 '경단녀'가 없다고 생각했기 때문이다. 통계청에 따르면 경력단절여성이란 '임신·출산·육아와 가족구성원 돌봄 등을 이유로 경제활동을 중단했거나 경제활동을 한 적이 없는 여성 중에서 취업을 희망하는 여성'이라고 한다. 내가 태어날 무렵부터 나의 어머니는 직업이라고 할 만한 일에 종사하지 않는, 커리어랄 게 없는 가정주부였다. 내 평생의 기억 속에서 그는 그냥 '집사람'이었다.

통계청 정의에 따르면 임신과 출산 전에 일한 적이 있고 육아를 하면서도 때때로 돈을 벌었던 내 어머니는 정확히 경력단절여성에 속했을 것이다.* 하지만 나는 어머니가 경력단절여성이라는 점을 뚜렷하게 인지하지 않은

---

* 이 문장이 과거형인 이유는 정부의 경력단절여성 관련 통계는 만 25~54세 여성만을 대상으로 하기 때문이다. 정부 공식 통계에서 24세 이하, 혹은 55세 이상의 여성은 경력단절여성이 될 수 없다.

　　　　　　　　　　　롤 모델 여자 선배 찾기

채 살았고, 경력단절 문제에 관심이 없었다. 동시에 경력단절은 내 인생에서 결코 일어나지 않을 사건이라고 확신하기도 했다. 나는 결혼을 구체적으로 상상해본 적이 없었고, 만에 하나 결혼한다고 하더라도 아이를 낳고 싶다는 바람은 더더욱 없었기 때문이다.

하지만 학생에서 취준생, 취준생에서 직장인이 되면서 경력단절이라는 개념은 결혼하고 아이를 낳은 여성뿐 아니라 일하(려)는 여성 대부분을 괴롭힌다는 사실을 알게 됐다. 2018년의 어떤 최종 면접 자리였다. 그 면접은 대기시간부터 어딘가 불쾌했다. 지원자 여러 명을 조별로 같은 테이블에서 기다리도록 했는데, 면접 조가 성별을 기준으로 나뉘어 있었기 때문이다. 심지어 여성으로 구성된 조의 수가 남성으로 구성된 조의 수보다 적었다. 면접 내용은 더욱 노골적이었다. 내가 들어갔던 '여성 조'의 면접에서는 일과 가정 가운데 하나를 택할 것을 요구하는 무례한 밸런스 게임을 시도했다. 나중에 이야기를 들어보니 남성 지원자만 모아둔 조에서는 일과 가정이 아닌 일과 취미생활의 양립을 물었다고 한다.

그 경험은 내게 이렇게 말하는 것 같았다. "여성 구직자가 절대 결혼하거나 아이를 낳지 않겠다, 혹은 결혼해서 아이를 낳더라도 일에 결코 지장이 가지 않도록 하겠다 혈서를 쓴들 눈 한 번 깜짝하지 않을 것이다." 그들에게 여성은, 나는, 구직자 이전에 '잠재적 경력단절여성'이었다. 그들을 설득할 방법은 없어 보였다. 염치없지만 다행히도 나는 무례한 밸런스 게임을 여러 번 아슬아슬하게 비켜날 수 있었고, 그 끝에 지난했던 구직시장을 뒤로하고 노동시장으로 진입할 수 있었다. 그리고 내가 회사에서 만난 여자 선배들은 나보다 더 혹독한 시절을 견디고 입사해 그 기로에 선 사람들이었다.

"남자들은 정치질을 잘해."

3년 차의 어느 날, A 선배가 내게 말했다. A 선배는 이어 "그러니까 너도 정신 똑바로 차리고 살아야 해"라고 덧붙이고선 빠르고 가벼운 말투를 타고 다음 화제로 넘어갔다. 회사에서 여러 선배를 만나는 동안 A 선배는 나에게 어렵고 무서운 선배 중 하나였다. 부조리한 지시를 하거나 사회성이 결여된 이상한 성격인 것은 아니었다. 그 모두에 해당하지 않아서 어렵고 무서웠다. 그는 대단한 업무량을 아무렇지 않게 소화해내는 동시에 '일-가정 양립'을 이룬 사람처럼 보였다. 아직은 어린 나이의 자녀가 둘이나 있지만 늘 새벽같이 일어나 국내외 뉴스를 꼼꼼히 체크했고, 필요한 것들을 친절하게 지시하면서 자신의 일도 흠잡을 데 없이 수행했다. 내가 생각했던 커리어우먼의 이상향에 그대로 들어맞는 사람이었고, 어떻게 하면 저렇게 부지런하게 살 수 있을까 싶었다. 닮고 싶다고 생각했다.

그런 A 선배와 처음으로 단둘이 밥을 먹던 날, 그는 내게 다짜고짜 남자들의 정치질을 조심하라고 했다. 내가 입사하기도 전이었던 수년 전, 선배는 출산 직전까지 취재원을 만나고 기사를 쓰고 회의를 했다고 한다. 과거의 그가 얼마나 성실히 일했을지 훤했다. 하지만 남자 동료와 후배들은 A 선배를 뒤에서 '씹고' 다녔다고 했다. '사람이 독해서 후배 챙길 줄도 모르고 자기가 일을 다 하려 한다'는 이유였다. A 선배를 씹고 다녔다는 남자 선배들의 말도 들어보는 것이 기자로서의 도리겠으나, 그 남자 선배들이 지금 어떻게 일을 하고 있고 어떤 평가를 받고 있는지를 떠올려보면 A 선배의 말이 근거 없는 것은 아니라는 판단이 가능했다. 그리고 A 선배는 덧붙였다. "나도 조금 더 일찍 정신을 차렸어야 했는데." 발랄한 말투에 후회가 묻어났다.

일-가정 양립을 이룬 것처럼 보이는 여자 선배가 A 선배만 있었던 것은 아니었다. 다른 여자 선배들도 그 어렵다는 가정과 직장의 평화를 동시에 챙기는 데 성공한 사람들로 보였다. 하지만 그 선배들 역시 A 선배와 마찬가지로 나 같은 막내의 눈엔 보이지 않는 고충이 있었던 것 같다. 그들 중 몇몇은 A 선배만큼 오래 버티지 못하고 각자의 선택을 했다.

B 선배는 A 선배만큼 열심히 일하는 사람이었지만 결정적인 차이가 있었다. A 선배가 뒤늦게나마 '정치질'의 중요성을 깨닫고 이를 실천한 끝에 자신을 씹던 남자 후배의 인사권자가 될 만큼 '존중하며 버티기'를 했다면, B 선배는 정치질이라는 행위를 해낼 수 있는 자질 자체가 DNA에 부족한 사람 같았다. 정말 열심히 일했지만, 너무 열심히 일하는 여성에게 뒤따라오는 '독하다'는 평가를

　　　　　　　　　　　　　롤 모델 여자 선배 찾기

무마할 만큼 상냥하지도 못했고, 그런 말을 하고 다니는 몇몇 스피커를 자기 편으로 만들 만큼 교묘하게 굴 생각도 없어 보였다. 직장생활을 10년 넘게 한 사람이 후배가 자신에 대해 어떻게 뒷말을 하고 다니는지 아예 모르기란 쉽지 않다. 하지만 B 선배는 자신에게 편안하고 익숙한 방식을 '덜 욕먹기 위해' 굽히기엔 너무 꼿꼿한 사람이었고, 그래서 욕을 먹는 것을 알면서 그냥 욕을 먹고 다녔다. 물론 그의 일하는 방식이 정말로 다 옳았던 것은 아니었지만.

그러던 어느 날 회사에 B 선배가 퇴사를 한다는 소문이 돌았다. 그를 욕하던 선배들은 그 소문에 환호했다. 그런데 어쩐지 이상했다. B 선배와 일하기 힘들다고 불평했던 사람은 성별을 가리지 않았지만, B 선배의 퇴사 소식에 기뻐하는 여자 선배는 찾아보기 어려웠다. 반대로 말하면 퇴사 소식에 기뻐한 사람들은 모두 남성이었다는 뜻이다. B 선배의 퇴사 이유가 어린 자녀에게 '엄마 노릇'을 하기 위해서였기 때문이다. 겉으로 보기에는 명확한 결론이었다. B 선배는 엄마였고, 남편은 충분한 수입이 있는 사람이라고 했다. 그런 경우에 언제나 선택은 여자의 몫이 된다. 여자가 어떤 커리어를 쌓았는지는 고려되지 않은 채,

'아이에겐 엄마가 필요하다'는 말만이 유령처럼 남는다.

그의 퇴사에 대해 거하게 소문이 돌았던 직후에 B 선배와 밥을 먹을 일이 있었다. B 선배는 직설적인 성격답게 단도직입적으로 퇴사 얘기를 꺼냈다. 그는 구체적인 퇴사일이 정해지지도 않았는데 퇴사 얘기가 도는 것을 부담스러워했다. "언제 어떻게 그만둘지는 내가 정하는 거고, 나는 당장 내일 그만두더라도 오늘까지는 아무렇지 않게 일하면서 마무리하고 싶어." 정확한 마음을 내가 알 수야 없지만 그는 마지막까지 평범하게 일을 마치고 싶었던 것 같다. '아이가 어리고 남편이 돈을 버니 여자가 직장을 그만두고 육아와 가사에 전념한다'는 한국 사회의 클리셰를 피하는 데는 실패했으나, 굳이 그 사실을 확대 재생산하면서 회사를 그만두고 싶진 않은 마음이었을 거라고 생각한다. 밥으로 시작해 술로 끝난 그날의 점심 자리에서 B 선배가 나에게 이렇게 말했기 때문이다. "여자 후배들에게 이런 모습을 보여야 할지 모르겠어. 요즘 애들은 '결혼해서 애 낳고도 잘 사는 선배'를 기대했을지도 모르는데."

결혼도 하지 않았고 애도 낳지 않은, 그냥 눈앞에 놓인 오늘의 업무를 충실히 쳐내는 것만이 가장 큰 고민인 나로서는 가늠이 어려운 영역 속에서 그는 자신의 커리어를 마무리하는 방식을 넘어 그 방식이 같은 여성 후배들에게 미칠 영향까지 고려하고 있었다. 그것은 어려운 고차방정식이라기보다는 애초에 잘못 출제된 문제 같았다. 그럼에도 그 문제를 받아든 사람들은 인생에 단 한 번뿐인 시험에 임하는 것마냥, 이 문제가 틀렸을 거라는 가정조차 접어둔 채로 답을 찾아 헤매고 있었다. 문제를 푸는 사람도, 그걸 지켜보는 사람들도 만족스러울 수 없는 게 당연했다. 소문이 돌고도 B 선배는 몇 달을 아무렇지 않게 일했다. 그가 최대한 오래 일하고 싶어 했고, 회사 역시 그의 빈자리를 곧바로 메우기가 어려웠기 때문이다. 회사를 떠나던 날, B 선배는 퇴사 이유를 말하지 않은 채 아쉬움과 응원을 담은 메시지만을 남기고 단톡방을 나갔다.

물론 회사를 떠나지 않는 여자 선배들도 있다. 꽤 많다. 하지만 그런 선배들은 '여자가 독하다'는 평가와 계속해서 싸우거나 애초에 일과 가정의 양립을 고민할 필요가 없기도 했다. C 선배는 결혼하지 않은 40대 여성이었다. 비혼은 개인의 선택이지만 사람들은 C 선배의 비혼을 맥락 없이 '미혼'으로 만들길 좋아했다. 호사가들은 호사가답게 제각기의 이유를 갖다 붙였다. C 선배와 함께 일해본 적도 없고 따로 친분도 쌓지 못한 나로서는 그를 둘러싼 말을 들을 때마다 그저 웃어넘길 수밖에 없었다. 예전의 나였더라면 "그 선배가 결혼하든 말든 무슨 상관이냐" 혹은 "멀쩡히 일 잘하는 선배 두고 없는 자리에서 씹지 말고 본인들 할 일이나 잘 하시라"고 쏘아붙였겠지만, 어쨌거나 정규직 노동자로 이 회사의 선배들과 부대끼며 일해야 하는 신분이 되자 입을 꾹 다물게 됐다.

　여자 선배들에 관해서라면 나는 더 많은 예시를 들 수 있다. 여러 명의 자녀를 낳고 출산휴직과 육아휴직을 반복하면서 깜박거리는 경력을 이어나가는 D 선배도 있고, 일을 잘하지만 특이하고 드세다는 평가를 받는 나와 같은 세대의 E 선배도 있다. 정상가족의 수호신처럼 남자는 내조를 잘하는 여자를 만나야 안정적으로 살 수 있다고 말하면서도 여자는 결혼을 하면 아무래도 손해를 볼 수밖에 없다고 속삭이는 F 선배를 볼 때면 머릿속이 복잡하다. 이런 식으로 읊자면 알파벳 26글자가 모자랄 것이다. 당연하게도 내가 만난 여자 선배들의 수만큼 그들의 서사를 설명하는 말들이 필요하다.

B 선배가 퇴사하고 한 달쯤 지났을 때 그를 만났다. 점심 식사가 나오기를 기다리는 동안 선배가 제일 먼저 꺼낸 화제는 고무장갑이었다. 선배는 퇴사하면서 가사도우미 없이 집안일을 전담하게 됐다고 했다. 처음엔 고무장갑이 불편해 맨손으로 설거지를 하다가 고작 몇 주 만에 손끝이 엄청 건조해졌다고, 그래서 요즘은 고무장갑을 열심히 착용한다고 그는 말했다. 우리는 두 시간 가까이 많은 이야기를 했고, 여전히 대화의 7할은 회사와 일에 관한 이야기였다. 하지만 언제가 될지 모르는 다음 만남에서는 그 비율이 줄어들 것 같았다. 선배가 고무장갑을 낀 설거지에 익숙해질 때쯤, 나는 선배는 모를 나만의 업무 경험을 쌓게 될 것이다. 기분이 이상했다. B 선배와 나의 삶의 경로는 그렇게 멀어지고 있었다. 살면서 누군가와 멀어지는 경험이 없지는 않았지만, 유독 이질적이고 낯선 느낌이었다.

나는 B 선배를 포함해 내가 만난 여자 선배들이 택한 길 가운데 그 어떤 것도 내 것으로 삼을 수 없을 것 같다고 예감한다. 결혼을 하거나 아이를 낳는 등 나만의 가족을 꾸리는 일을 깊게 생각해본 적 없지만, 그렇다고 앞으로 내 삶이 그것과 무관하리라고 단정하기에도 너무 이른 것 같다. 내가 임신·출산·육아와 무관한 삶을 살겠다고 맹세하더라도 여성으로 살아가는 한 경력단절이라는 개념의 늪에서 비켜설 수 없다는 사실을 취준생 시절부터 알게 되지 않았는가. 지금처럼 1인 가구로 살아간다고 해도 '쟤는 여자가 너무 독해'라는 무례한 평가들 속에서 꿋꿋하게 살아갈 자신이 없다. 만약 어떤 형태로든 가족을 꾸리게 되더라도 남편의 내조를 위해 퇴사하고 싶지는 않고, 아이의 미래를 이유로 내 커리어를 끊고 싶지도 않다.

　하지만 선택을 한 여자 선배들 역시 그런 선택을 꿈꾸거나 바랐으리라고 생각하지는 않으므로, 결국 모든 것은 상황이 닥쳐야만 이해하거나 실행 가능한 것이기도 하다. 다만 이 지독한 불확실성 속에서 감히 예단할 수 있는 한 가지가 있다면, 내가 정답이 없는 어떤 문제를 마주했을 때 앞선 여자 선배들의 선택과 결과를 단물이 다 빠지도록 곱씹을 것이라는 사실이다.

전은영

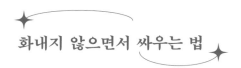

화내지 않으면서 싸우는 법

'메갈'이 된 이후 나와 내 친구들에게 '분노'라는 키워드는 아주 중요했다. 우리 안에 쌓여 있는 이 화를 어떻게 잘 풀어낼 것인가를 매일 고민했다. 2015년, 메갈리아 '성님'들의 '띵문'을 보면서 느낀 해방감 이후 나는 본격적으로 나를 페미니스트라고 정체화했다. 그전에는 은은하게 '페미 끼'가 있었다면, 그때부터는 페미니스트임을 숨기지 않으며 '한남'들을 패고 다녔다. 메갈리아가 남긴 가장 큰 유산은 '미러링'이었다. '김치녀', '된장녀', '처녀', '걸레' 등등 너무 많이 들어서 뭐가 문제인지도 못 느끼던 말들을 주어만 남자로 바꿔서 들려줬는데 그들은 깜짝 놀라며 난리를 쳤다.

미러링은 말도 안 되는 여성혐오에 대응할 언어가 돼 줬다. 예전에는 "이대 이미지가 좋진 않지"라고 농담처럼 나를 깎아내리는 사람에게 논리적으로 대응하기가 쉽지 않았다. 내가 조금만 진지해지면 상대는 농담인데 왜 그렇게 예민하게 구냐며 대응할 기회를 빼앗아버리고는 했다. 미러링을 알게 된 후 나는 "○○대 이미지도 좀 그렇잖아요?" 하고 농담처럼 그 말을 받아칠 수 있게 됐다. 똑같은 말을 주어만 바꿔 한 번 더 해줬을 뿐인데 상대는 대개 민망해했다. 오랜 기간 호흡처럼 우리 몸에 들러붙은 여성혐오를 자각하고 분노하고 떼어내기 위해 몸부림치는 과정은 매일매일 화내기의 연속이었다. 어떨 때는 페이스북에서 조목조목 키보드 배틀을 뜨며 화를 냈고, 말이 안 통하면 미러링으로 화를 대신했고, 언어가 부족하면 책을 읽으며 분노를 소화했다.

그러나 회사에 다니기 시작하고 나서는 놀라울 만큼 화가 없어졌다. 아니, 화내는 법을 잊어버렸다고 표현하는 게 맞겠다. 여전히 세상에는 화나는 일이 매일매일 벌어졌지만 이전처럼 밤을 새워 싸울 힘도, 각종 이슈를 쫓아갈 시간도 없었다. SNS에 뭔가 말을 얹으려다가 글을 지우는 일도 많았다. 일상을 버티는 것만으로도 너무 피곤했고, 이런 나날을 반복하다 보니 예전처럼 마음이 뜨거운 온도로 끓어오르지 않았다. 화가 나는 말을 들으면 외면했다. 직장에서 '미투' 때문에 아무것도 못하겠다는 불평을 하면 그냥 못 들은 척을 했다. 싸우거나 반박할 용기가 없었고, 싸우고 싶은 마음 자체도 사라져갔다.

그렇게 감정 없는 동태눈으로 살던 어느 날, 나도 모르게 선배의 '빻은' 말을 유려하게 받아치고 말았다. 선배가 커피를 마시자고 해서 사무실 밖으로 나가던 중이었다. 그가 갑자기 스타벅스에 가는 사람들을 욕했다. 크게 의미를 두지 않은 킬링타임용 대화였다.

"난 스타벅스에 왜 그렇게 많이들 가는지 모르겠다. 다른 데보다 비싼데 맛도 없고, 매출의 반은 허영이야. 이게 다 된장녀들이 많이 가서 그래."

"그래요? 근데 저희 부장들도 스타벅스를 제일 좋아하시잖아요!"

나도 모르게 그런 말이 튀어나왔다. 무의식적으로 나온 서브였다. 그는 당황했다. 사실 스타벅스 이야기는 흔하디

흔한 여혐 발언 중 가장 난이도가 낮은 주제였고, 키보드 배틀을 열심히 뜨고 다니던 메갈 시절 수십 번도 더 반박했던 내용이었다. 나는 그를 달래기 위해 대화를 다른 방향으로 틀었다.

"선배, 스타벅스랑 다른 카페랑 가격 똑같아요. 요즘 커피가 다 너무 비싸죠."

"그런가? 아, 나는 그냥 저기 지하에 천 원짜리 커피가 제일 맛있더라."

"오, 저도 거기 좋아하는데 그럼 거기로 갈까요?"

얼떨결에 나는 얼굴 한번 붉히지 않고 완승을 거뒀다. 아기 아빠라서 작은 지출도 아끼는 그는 천 원짜리 커피 한 잔으로 좋은 선배가 됐고, 나는 웃으면서 할 말을 다 해서 통쾌했다. 그는 나쁜 사람일까? 글쎄. 법인카드도 아니고 본인 돈으로 기꺼이 커피를 사준다는데. 큰 악의는 없는, 그냥 편견에 가득 찬 아저씨일 뿐이었다. 하지만 그는 아마 앞으로 여자 후배들 앞에서만큼은 된장녀라는 단어를 꺼내지 못할 거다. 이 정도면 기분 좋은 성과였다.

물론 대차게 싸울 수도 있었다. 선배, 지금 뭐라고 하셨어요? 된장녀라고 하신 거예요? 경험상 그렇게 정색하면 십중팔구 말 꺼낸 쪽만 예민한 사람이 된다. 그래서 그런 상황을 마주하느니 그냥 아무 말도 안 하는 편을 택했는데, 이번에는 모른 척하지도 않고 싸우지도 않는 훌륭한 방법을 찾아낸 것이다. 그동안 싸우는 법을 잊어버린 줄 알았는데, 웃으면서 이기는 법을 알게 된 느낌이었다.

활활 불타오르던 '메갈' 시절에는 주변의 온도가 나와 같지 않다는 점을 견디기 어려웠다. '나는 이만큼 화가 나는데, 왜 너는 이렇게 미지근해?' 이런 이유로 친구와 싸우고 가족에게 실망하는 경우도 많았다. 내가 페미니즘을 생존의 문제로 실감하게 된 기점은 강남역 여성혐오 살인 사건이었다. 도심 한가운데서 여자라는 이유로 누군가 죽임을 당했다. 그 장소는 강남역이 될 수도, 신촌이 될 수도 있었다. 저 사람이 아니라 내가 피해자가 될 수도 있었다. 그동안 너무 당연해서 익숙해져 있던 차별과 불평등이 생명의 위협으로 다가오는 순간이었다. 분노와 답답함에 눈이 뒤집어졌다. 강남역 살인 사건 직후 엄마와 아빠는 내게 "너도 조심하라"고 말했다. 나는 그 말을 듣고 미친 사람처럼 울고불고 화를 냈다. 어떻게 조심하면 되냐고, 강남역은 위험하고 신촌역은 괜찮은 거냐고, 저 사람이 조심하지 않아서 찔려 죽은 거냐고 펑펑 울며 악을 썼다. 부모님은 저녁을 먹다 말고 숨도 못 쉬고 우는 나를 놀란 눈으로 쳐다봤다.

머리로는 이해할 수 있었다. 나는 누군가 시비를 걸거나 이상한 말을 하면 그냥 지나치지 않고 반박하고 싸우는 편이었는데, 강남역 살인 사건의 범인처럼 작정하고 누굴 해치려 드는 사람과는 싸워봤자 나만 위험하니 피하는 게 낫다는 얘기였다. 그러나 그 순간에는 십수 년간 쌓인 내 분노와 공포를 이해해주지 않고 조심하라는 말만 하는 부모님이 너무나 원망스러웠다. 나는 거대한 구조적 문제에 절망하고 있는데, 가족들은 내가 잘만 행동하면 이 폭력을 피할 수 있다고 믿는 듯했다. 같은 사건을 보고도 받아들이는 무게가 다르다는 게 화가 났다.

그때는 한꺼번에 파도처럼 밀려오는 충격을 감당하기 어려웠고, 어떻게든 화를 내지 않고는 견딜 수 없었다. 페미니즘이라는 거대하고 강렬한 세계에 온몸으로 부딪힌

화내지 않으면서 싸우는 법

나와 친구들에게는 꼭 필요한 시간이었다. 하지만 시간이 지나고 불씨가 조금 식은 지금, 예전과는 다르게 대화할 수 있을 것 같다는 생각이 들었다. '쿠션어'를 쓰자거나 예쁘게 말하겠다는 뜻이 아니다. 미친 듯이 싸우거나, 싸움을 포기하고 외면하거나. 이렇게 두 가지밖에 없던 선택지에서 벗어나 내 안위를 해치지 않는 선에서 상대를 설득할 수는 없을까? 우리 모두가 같은 온도로 화내는 것이 불가능하다면, 세상에 조금이라도 상식적인 사람이 많아지는 게 이롭다는 건 분명하다.

사회에 진입한 이후 내가 마주하는 논쟁의 현장은 온라인이 아닌 오프라인이 되었다. 더 이상 페이스북 속에서의 키보드 배틀이 아니었고, 링 위의 참가자는 이름도 모르는 여혐 가계정이 아니라 얼굴을 아는 동료, 상사, 애인이었다. 거친 미러링으로 '사이다'를 먹일 수도 없었고, 말 안 통하는 상대를 차단한다고 해서 상황이 종료되지도 않았다. 현실에서 마주치는 사람들은 쉽게 '걸러낼' 수 없었다.

어떤 친구는 비슷한 고민을 나누다가 예전처럼 다 '거르고' 나면 뭐가 남냐고 반문했다. 우리가 대화하는 대상은 여성가족부를 폐지하겠다는 말을 듣고도 윤석열 후보를 뽑았을 아버지고, 함께 보던 예능 프로그램의 성차별을 지적했다가 말다툼을 벌이게 되는 남자친구다. 의견은 일치하지 않지만 애정이 있는 상대들과 영영 등을 돌리고 살 수는 없었다. 하지만 싸우기 겁난다는 이유로 내게 너무나 중요한 페미니즘이라는 주제를 아예 꺼내지 않는 것도 싫었다. 내가 이들에게 정말로 원하는 건 논쟁에서 이기고 의견을 짓밟는 게 아니라 진심으로 대화하고 나를 이해시키는 거였다.

좀 더 어려운 사안을 마주칠 때는 마음이 복잡해졌다. 웃어넘기려 해도 도저히 표정 관리를 할 수 없는 상황, 여유롭게 받아치기에는 마음 한구석이 무거운 일도 종종 일어난다.

평소처럼 회사로 출근한 어느 날 아침에 일어난 일이다. 건너편 도로에서 누군가가 확성기로 큰 소리를 내더니 곧이어 장송곡을 틀었다. 부장들은 아침부터 재수 없게 장송곡을 트느냐고 짜증을 냈다. 1층에서는 경찰이 소음 측정기로 데시벨을 재고 있었다. 일정 수준을 넘어가면 제지

화내지 않으면서 싸우는 법

하기 위해서였다. 지극히 상식적인 세상을 살아가는 시청 앞 직장인들에게 아침부터 들려오는 장송곡은 너무나 비상식적인 일이었을 것이다. 그러나 나는 장송곡을 듣자마자 거기에 어떤 의미가 담겨 있는지 직감했다. 사무실 앞 광장에서는 노량진 수산시장 상인들이 폭력적인 개발 사업에 반대하는 집회를 열고 있었고, 며칠 전 그중 한 분이 돌아가셨다는 것을 나는 알고 있었다. 그 집회에는 내 친구들이 함께하고 있었다.

친구가 그 집회에 와서 노래를 불러달라고 부탁했을 때, 나는 사무실과 너무 가까워서 회사 사람이 볼지도 모른다는 이유로 거절했다. 아마도 취업 전 몸담았던 세계와 직장인이 된 후의 세계가 충돌하는 걸 최대한 피하고 싶었던 것 같다. 학생 시절 나는 자유롭게 의견을 내고 다른 사람들의 시선을 두려워하지 않는 사람이었지만, 직장인이 된 후에는 회사 사람들에게 무엇 하나 꼬투리를 잡히지 않을까 전전긍긍했다. 직장이라는 새로운 세계는 내가 속했던 이전의 세계와는 다른 축으로 돌아갔다. 모두가 아무렇지 않게 타인의 사생활에 대해 말하고 평가했고, 불평등한 구조를 비판하기보다는 그 사다리의 위로 올라가는 방법에 대해서만 이야기했다. 어렵게 얻은 사무실의 자리 한켠은 사회에서의 나의 쓸모를 증명해주는 것 같았다. 이런 세계에서 완벽히 동화되고 싶은 마음은 없었지만, 튀는 애로 보이기도 싫었기 때문에 회사 사람들에게 집회에 참여하는 내 모습을 들키고 싶지 않았다. 하지만 그날 사무실 앞에서 장송곡을 들으며 별개로 생각했던 두 개의 세계가 하나로 겹쳐졌다. 사실은 억지로 피해왔을 뿐 별개로 존재할 수 없는 세계였을지도 모른다.

나에게 페미니즘은 단순히 젠더의 문제만은 아니었다. 친한 친구는 이런 말을 했다. "계급적 관점이 부재한 페미니즘은 나의 페미니즘이 아닙니다." 내게도 마찬가지였다. 여성혐오와 가부장제는 자본주의와 불평등에 복무하면서 기득권을 더욱 공고하게 한다. 그리고 여기에 균열을 내는 게 내가 공부한 페미니즘이었다.

내 일상을 강렬하게 뒤흔들었던 사건은 하루 차이로 일어났다. 2016년 5월 17일 강남역에서 여성혐오 살인 사건이 일어났고, 다음날인 5월 18일 서울 종로구 무악동에서 옥바라지 골목이 철거됐다. 그때 나는 도시에서 일어나는 젠트리피케이션 문제에 막 관심을 갖던 차였고, 학교 근처

였던 옥바라지 골목에 자주 찾아가 사람들과 대화하고 철
거를 막을 방법에 대해 논의했다. 그런데 어느 날, 사람들
이 들어가 있는 건물을 포크레인으로 부수고 사람들의 얼
굴에 소화기를 쏘는 장면을 눈앞에서 목격했다. 강남역 살
인 사건이 나를 페미니스트로 살 수밖에 없게 한 화상 같은
자욱이었다면, 나에게 계급 불평등의 문제를 피부로 실감
하게 한 사건은 옥바라지 골목의 철거였다. 이후 나는 페
미니스트인 동시에 친구들과 함께 젠트리피케이션에 반
대하는 도시사회단체를 운영하는 '운동권'이 됐다. 젠트
리피케이션, 산업 재해, 채용 차별 등 노동과 주거 문제에
젠더 문제만큼이나 분노하고 마음 아파했다. 그리고 노량
진 수산시장은 옥바라지 골목에서 함께 싸우던 친구들이
연대하던 현장이었다.

나는 취업을 하면서 '투쟁'의 세계에서 멀어졌다. 노량
진에는 거의 가보지 못했지만 여전히 마음이 쓰였고 그
들에게 빚을 지고 있는 것 같았다. 그러던 중 서울시와 기
약 없는 싸움을 이어가던 수산시장 상인 한 분이 지병으
로 쓰러져 돌아가셨고, 함께 싸우던 상인들의 분노가 치
솟았다. 그날 아침 사무실 앞에서 들은 장송곡은 돌아가

신 분을 향한 작별 인사였다. 시끄럽다는 회사 사람들과 정색하고 논쟁할 수는 없지만, "그러게요, 시끄럽네요" 하고 같이 맞장구치긴 싫었다. 된장녀 타령 정도는 웃으면서 넘길 수 있었지만 누군가가 죽고 사는 문제에서는 그럴 수가 없었다. 아침부터 시끄럽게 저게 뭐냐고 불평하는 선배에게 대답했다. "찾아보니까 노량진에서 누가 돌아가셨더라고요." 선배는 더 이상 말하지는 않았다. 못 들은 걸 수도 있고, 내가 동조하지 않으니까 화제가 넘어간 걸 수도 있었다. 어쨌든 이것이 그 순간에서 내가 찾은 최선이었다.

사회에 진입하기 전에는 직장인이 되는 게 두려웠고, 직장인이 된 후에는 이전의 내가 사라지는 것 같아 울적했다. 나는 두 세계가 양립할 수 없는 완전히 다른 종류의 차원이라고 생각했고, 실제로도 그런 것 같았다. 직장인이 되고는 함께 차별에 대해 말하고 싸우던 친구들과 멀어진 느낌을 지울 수 없었다. 만날 시간도 없었고, 함께 공유할 이야기도 줄었다. 그 친구들의 눈에 내가 변절자처럼 보이진 않을까 걱정도 됐다. 동시에 나는 안락하고 안정적인, 나름의 규칙을 갖고 굴러가는 자본주의 세계의

화내지 않으면서 싸우는 법

논리에 점차 익숙해졌다. 친구들이 싸우는 방식이 비효율적이고 지나치게 낭만적이라는 답답함마저 갖게 됐다. 두 세계는 너무 멀어졌고, 나는 그 사이 어디에도 속하지 못하고 부유하는 것 같아 외로웠다.

누군가 그건 오히려 장점이 될 수 있다고, 두 세계에 발을 한 쪽씩 딛고 서 있으면 된다고 말한 적 있다. 그때는 그 말을 전혀 이해하지 못했는데, 지금은 조금 알 것도 같다. 완전히 다른 시공간인 것 같았던 두 세계는 사무실 앞에서 투쟁의 광경을 목격하면서 하나로 겹쳐졌다. 내가 무수히 많은 키보드 배틀을 뜨던 온라인 세상과, 일상에서 부딪히는 현실 사회를 칼로 자르듯 분리하는 것 또한 불가능했다. 어느 한 곳을 선택해야 하는 것도, 한쪽에 완벽히 동화돼야만 하는 것도 아니었다. 생활인으로서 내가 해야 하는 일을 열심히 하면서, 옳다고 생각하는 방향에는 신념을 굽히거나 외면하지 않고 내 일상을 지킬 수 있는 선에서 싸우면 되는 거였다. 내 초기 사회생활은 탈코르셋과 꾸밈노동 사이, '쓰까 페미'와 경제지 기자 사이에서 균형을 찾는 연습이었다. 처음에는 뒤죽박죽이고 엉망인 것 같았지만, 시간이 지날수록 나는 K-직장인으로서의 정체성 어딘가에 '메갈' 시절의 내 모습을 조금씩 끼워 넣으며 재조립하는 법을 배웠던 것 같다.

김소라

화내지 않으면서 싸우는 법

업무에 페미니즘 묻히기

기자 지망생 시절엔 기자가 되기만 하면 끝내주는 페미니즘 기사를 마구 써내고야 말겠다고 다짐했다. 많은 페미니스트가 그러하듯이 뉴스 때문에 실망하고 화가 난 적이 한두 번이 아니었기 때문이다. 언론의 중요성을 믿어 기자가 되고 싶었지만, 'OO녀'를 잃지 못해 안달이고 유명인의 문제 발언을 그대로 옮기는 '따옴표' 저널리즘으로 혐오를 재생산하는 현실을 부정할 수는 없었다. 그래서 더 정확히 보려고 노력했다. '이걸 이렇게밖에 못 쓰나?', '왜 이 얘기는 기사로 볼 수가 없는 걸까?' 뉴스를 접할 때마다 의문이 쌓였다. 그리고 다짐했다. "나 같은 페미니스트가 늘어나면 언론도 조금은 바뀌겠지. 끝내주는 페미니즘 기사를 써주마." 약간 자의식 과잉이었음을 부정하지 않겠다.

기자가 되고 꽤 시간이 흘렀다. 그동안 내가 쓴 기사가 수천 건은 될 테지만, 그 가운데 내가 벼르고 별렀던 '끝내주는 페미니즘 기사'는 없다. 끝내주기는커녕 페미니즘의 영역으로 분류할 수 있는 기사 자체가 많지 않다. 사회부에서 1년 남짓한 기간만 일했던 것도 이유겠지만, 입사하고 내내 사회부였더라도 페미니스트 기자 지망생에서 페미니스트 기자로 멋지고 정석적인 '업그레이드'를 이뤄냈을 것 같진 않다. 다만 그 시간 동안 나는 다른 돌파구를 찾았다. 페미니즘 기사를 쓰지 않더라도 페미니스트 기자로 살아갈 수 있는 방법은 있었다.

"그러니까 왜 '몰카'라는 말을 놔두고 '불법촬영'이라고 써야 하는지 내가 이해할 수 있게 설명해 보라니까?"

수습기자 신분을 갓 벗어났던 2018년 여름, 서울 시내

업무에 페미니즘 묻히기

한 경찰서 앞에서 나는 선배와 통화하다가 기어코 울고 말았다. 여성들이 불법촬영 문제를 공론화하기 시작했고, 언론마저 주목할 수밖에 없었던 대규모 혜화역 시위가 열리던 즈음이었다.

볼펜, 안경, USB 등 다양한 형태로 정체를 숨긴 변형카메라가 별다른 제재 없이 판매되면서 불법촬영에 악용되고 있다는 내용의 기사를 쓰겠다고 보고했다. 종일 용산전자상가를 취재하고 정부 부처 담당자와 통화한 뒤 기사를 써서 올린 참이었다. 단돈 5만 원이면 누구나 결코 카메라처럼 보이지 않는 카메라를 빌려, 어느 장소에서건 타인의 신체를 촬영할 수 있는 이상한 현실을 정말로 최선을 다해 썼다.

기사를 넘기고 한숨 돌리려 담배에 불을 붙인 찰나 사수였던 남자 선배의 전화를 받았다. 그는 '불법촬영'과 '변형카메라'라는 단어를 문제 삼았다. 몰래카메라, 그러니까 '몰카'라고 간단히 줄여 쓸 수 있고 기사를 읽는 독자도 잘 알고 있는 단어를 두고 왜 굳이 불법촬영, 변형카메라라고 썼느냐는 게 그의 질문이었다. 너무 당연해서 설명할 필요가 없다고 생각했던 사항에 대한 질문을 받으니 문자 그대로 할 말이 없었다.

　그래도 선배가 물어봤으니 뭐라고 대답을 하긴 했을 텐데, 사실 기억이 나지 않는다. 단지 그 통화가 30분 넘게 이어졌고, 나중에는 뭐라고 설득해야 할진 모르겠지만 그렇다고 선배 말에 동의하고 싶지 않아서 전화 너머로 그가 뭐라고 하든 침묵만 지켰던 것만은 기억난다. 벨소리가 세 번 이상 울리기 전에 전화를 받아야 하는 막내 기자 신분에 그건 나름대로 용기를 낸 항명이었다. 영원처럼 느껴졌던 침묵 끝에 선배는 한숨을 쉬면서 "일단은 네가 말한 대로 올리겠다"고 했지만, 결국 팀장과 부장을 거친 끝에 기사에서 '불법촬영'은 '몰카'로 대체됐다. 기자가 되기 전 '왜 저렇게 쓸까?' 생각했던 그런 기사를 내 손으로 쓰게 된 거였다.

　기자인 페미니스트가 아니라 페미니스트인 기자로서 지난 시간을 되돌아보면 입사 후 첫 1년, 사회부 기자 생활은 '단어를 둘러싼 투쟁'으로 요약할 수 있겠다. 몰카 이전엔 '미투'가 있었다. 2018년 한국에선 각계각층의 미투 선언이 이뤄지고 있었고, 그것을 얼마나 빠르게 찾아내 잘 기사화하는지가 사회부 막내 기자들의 임무이자 미덕이었다. 당시 페이스북에서 공론장 역할을 하던 'OO대학교 대나무숲'이나 'OO대 대신 전해드립니다' 페이지에는 교수나 강사, 선배로부터 성범죄를 당했다는 폭로가 넘쳐났다. 그 사연이 소위 '자극적'이거나 그 사연이 올라온 대학이 '명문대'일 때는 "A 매체의 OOO 기자입니다. 이야기 자세히 듣고 싶습니다. 연락 부탁드립니다" 같은 댓글이 앞다투어 주르륵 달리곤 했다. 나 역시 댓글을 달고 다닌 사람 중 하나였고, 때로는 제보를 받아 기사를 쓰기도 했다.

그 시절 가장 힘들었던 것은 새로운 미투 기삿거리를 발굴하는 일도, 피해자를 비난하거나 가해자를 옹호하는 댓글이 달리는 것도 아니었다. 단어를 두고 선배들을 설득하는 일이 가장 어려웠다. 내가 홍길동도 아닌데, 미투를 미투라고 쓰는 것부터 쉽지 않았다. 미투는 영어로 된 일종의 신조어였으므로 한글 뜻을 병기하는 작업이 필요했다. 회사 차원에서 합의한 정의가 없었기에 나는 처음에 내가 이해한 미투 운동의 핵심과 다른 언론사의 용법을 참고해 미투를 '나도 말한다'라고 설명했다. 하지만 선배들의 데스킹을 거치면 기사 속 미투는 '나도 말한다'가 아니라 '나도 당했다'로 바뀌어 있었다.

미투 운동의 본질 중 하나는 피해자들이 자신의 성폭력 피해를 용기 내어 고발한다는 데 있었다. 그들이 많은 것을 잃을 각오를 하며 미투 운동에 나선 이유는 명확했다. 단순히 피해를 알리는 데서 그치지 않고, 가해자에게는 합당한 처벌이 내려지도록 하고 성폭력이 만연한 사회에는 경종을 울리기 위해서였다. 그렇기에 '나도 당했다'라는 표현은 미투 운동을 설명하는 문장으로 적합하지 않다. '당했다'라는 말 안에서 고발자들은 단순히 성폭력 피해를 경험한 객체로만 남는다. 그들이 용기를 내기까지의 과정, 피해 이후에도 주체로서 살아남고자 노력한 시간은 '당했다'라는 말로 포괄되지 않는다. 내가 미투를 '나도 말한다'로 쓰고 싶었던 이유다.

당시 내 팀장은 40대 남자였다. 당연히 그에게 페미니즘에 대한 깊은 이해를 기대하기는 어려웠다. 수습기자의 신분으로 "왜 설명을 '나도 당했다'로 고치셨냐"고 감히 물었을 때 돌아온 대답은 "다른 매체들이 그렇게 쓴다"였다. 그렇게 쓰지 않은 매체도 많았을뿐더러, 만약 모든 매체에서 미투를 '나도 당했다'로 쓴다고 하더라도 내 기사에선 '나도 말한다'라고 쓰고 싶었다. 하지만 그가 단어 하나를 두고 나와 의견을 주고받을 리는 만무했다. 나 역시 그 이상으로 문제를 제기할 만한 깡이나 여유가 충분치 않았다. 그렇지만 나는 그 이후 미투 기사를 쓸 때 가끔 선배 몰래 기사 속 '나도 당했다'를 '나도 말했다'로 고쳐서 내보내곤 했다. 지금 생각하니 차라리 선배에게 따지고 드는 게 안전한 행동인 것 같긴 하지만.

애초에 설득과 싸움은 내게 낯선 일이 아니었다. 페미니즘 리부트에 올라탔던 나와 내 친구들에게 논쟁은 일상이었다. 온라인 하위문화 공간으로 취급되던 '디시인사이드 갤러리'에서 출발한 새로운 페미니스트들의 중요한 임무 중 하나는 인터넷에서의 논쟁이었다. 우리를 열받게 하는 글은 온라인 세상 곳곳에 널려 있었다. '에브리타임'이 20대 초·중반 대학생들의 커뮤니티 역할을 하기 전이었다. 당시 가장 거대한 전장은 페이스북이었다. 이제 막 머릿속에 들어와 자리를 잡기 시작해 얼마든지 용이하게 꺼내쓸 수 있는 페미니즘 지식과 20년 넘게 한국 여자로 살아오면서 겪은 일들, 메갈리아에서 보고 배운 각종 '드립'은 살벌한 전장에서 우리를 지키는 무기였다. 무기를 벼려 댓글을 달았고, 제대로 된 '맞말'을 한 댓글엔 재빠르게 '좋아요'를 눌렀다.

문제는 직장인이 되면서 논쟁의 상대가 바뀌었다는 것이었다. 이전에 내가 싸웠던 대상이 드넓은 인터넷 세상에서 어쩌다 만난, 높은 확률로 내 또래인 남성이었다면, 이제 내가 설득하고 이겨야 하는 대상은 내게 업무 지시를 내리고 나와 내 결과물을 평가하는 상급자다. 모르고 살아왔고 앞으로 볼 일도 없을, 심지어는 프로필 사진과 이름마저 모두 가짜일지도 모르는 사람과 논쟁하는 일은 비교적 '계급장 떼고' 붙는 싸움이었다. 하지만 취업을 하고 보니 회사 내에서 계급장은 뗄 수 없는 것이었고, 설령 뗄 수 있다고 하더라도 그걸 떼고 덤볐다간 결국엔 나만 손해를 보고 마는 것이었다.

논쟁의 주제도 달라졌다. 댓글창에서 여성혐오자와 언쟁하는 건 당시의 내겐 진짜 싸움이라기보다는 취미에 가까웠다. 일차원적인 혐오 댓글에 나 역시 단순한 '사이다' 댓글로 응수하면서 순간적으로 피가 확 도는 느낌을 좋아

업무에 페미니즘 묻히기

했다. 진짜로 논쟁이라고 부를 수 있을 만한 대화는 오히려 같은 편인 페미니스트들 사이에서 이뤄졌다. 그런 논쟁에서 나와 동료 페미니스트들은 "몰래카메라라는 단어 대신 불법촬영이라고 해야 한다", "미투의 한국어 설명으로는 '나도 당했다'보단 '나도 말한다'가 적절하다" 같은 얘기를 주고받을 필요가 없었다. 진짜 논쟁의 자리에서 그런 것들은 이미 모두가 합의한, 기본적으로 깔고 가는 전제였다. 우리는 그 위에서 피해와 가해의 역학관계, 앞선 세대 페미니스트들과의 관계 정립, 퀴어 담론 등을 논했다.

단어를 두고 논쟁을 몇 번 벌이면서 페미니스트 직장인으로서의 동력이 꺼져갈 무렵 사회부를 떠나게 됐다. 그 이후로 지금까지 내가 몸담은 부서와 팀은 페미니즘과는 영 연관이 없는 곳들이다. 국내총생산GDP 성장률이나 기준금리, 대기업의 올해 전략이나 코스피KOSPI 지수에 대한 기사를 쓰면서 페미니즘을 엮는 일은 불가능에 가까워 보였다. 끝내주는 페미니즘 기사를 쓰기 위해 기자가 됐지만 아저씨들과 밥을 먹고 차를 마시며 평생 가져보지도 못할 어마어마한 단위의 돈에 대해서만 쓰고 있다.

사회부 바깥에서 만난 페미니스트 기자들 중에선 가치

관과 업무의 일치가 간단치 않다는 걸 일찌감치 깨닫고 체념한 이들도 있었다. 내가 아는 어떤 페미니스트 기자는 의도적으로 경제 분야 부서만 지망한다고 했다. 나와 동년배인 그는 당연히 '메갈' 시절에 온몸을 푹 담갔던 경험이 있지만, 그걸 기사로 풀어내려는 의지는 크지 않다. 언젠가 그는 "숫자는 차라리 노골적으로 솔직해서 편하다"고 말한 적이 있다. 소수의 진보 언론사를 제외하면 언론의 지형은 기울어져 있기 때문에 경제 관련 부서의 기자 대부분은 시장과 자본을 충실히 따르는 기사를 쓸 수밖에 없다. 이재용이 사면돼야 삼성이 대규모 투자에 나설 수 있다거나, 최저임금이 급격히 오르면 소상공인과 자영업자들이 죽어난다는 논리 등이 대표적이다. 그는 그런 이야기에는 페미니즘이 끼어들 여지가 적다는 점을 오히려 높게 평가하는 듯했다. 물론 세상 모든 일엔 젠더 문제를 적용해볼 여지가 존재한다. 하지만 매일 새로운 기사를 써내야 하는 한국의 언론 환경에서 페미니즘과 젠더 주제에만 집중하기는 쉽지 않다. 어휘와 논조를 두고 데스크와 싸워 이겨야 하는 사회부보다는 다른 부서가 마음 편한 것도 사실이었다.

페미니스트는 직장에서도 성차별과 여성혐오에 목소리를 높이며 싸워야 할까? 페미니스트임을 드러내지 않고 일하는 여자들은 다 각성해야 하는 걸까? 어떤 선택이 맞거나 틀렸다고 말하고 싶지는 않다. 내게 타인의 선택을 판단할 자격이 있다고도 생각하지 않는다. 다만 나는 숫자는 솔직해서 편하다는 말을 들으면서 어딘가 아쉬운 감정을 느꼈다. 조금만 들여다보면 과거 우리가 '메갈'로 살아왔던 시절의 시각을 새로운 업무에 적용해볼 여지가 분명히 있고, 그렇다면 언젠가 나가떨어질지 몰라도 그 길을 제대로 걸어보고 싶다는 마음에서 비롯되는 아쉬움이었다. 돌아보면, 세상을 바꾸는 대단한 미투 보도를 하는 건 불가능해 보였어도 일상적인 기사를 쓰면서 내가 페미니스트임을 잊지 않는 일은 그다지 어렵지 않았다. 간단한 자각만으로도 변화는 생긴다.

　나는 코로나19가 막 시작됐던 때 경제부 기자로 일하고 있었는데, 팬데믹으로 내수가 위축되고 경제가 멈추는 상황 속에서 여성 노동자들이 가장 먼저 벼랑 끝으로 몰린다는 기사를 쓴 적이 있다. 아무도 몰랐던 단독 기사도 아니었고, 나만 쓸 수 있었던 기사도 아니었으며, 대단한 파급력을 내지도 못했지만 그런 식의 기사를 생산해내는 것이 페미니스트인 내가 할 수 있는 최선의 행동이라는 생각이 들었다. 사회부가 아닌 곳에서도 페미니스트로서 먼저 쓸 수 있는 기사, 페미니즘을 아는 사람이어서 더 잘 쓸 수 있는 기사를 발굴해 물고 늘어지고 싶다는 마음을 먹게 됐다.

기자 생활 초반, 단어 하나에 울고불고 하던 시절에 기자가 아닌 페미니스트 지인이 내게 해준 말이 있다. "데스크는 죄다 좋은 대학 나온 중년 남성 아니야? 객관적인 척하는 사람들도 어차피 자기가 살아온 시간을 바탕으로 생각하는 거잖아. 페미니스트인 저널리스트는 오히려 편파적임으로써 공정을 만드는 역할을 할 수 있을 거야." 그 말을 끊임없이 곱씹으며 일하려고 노력한다. 페미니즘에 대한 이해도가 높지 않은 직장이지만, 차별적인 말을 하는 선배들이 그렇지 않은 선배들보다 훨씬 많지만, 그렇기에 대단하지 않아도 쌓아갈 수 있는 나만의 영역이 반드시 있다고 믿고 있다. 사회부 시절 심심찮게 받았던 '메갈년

기레기'라는 독자의 메일을 꼭꼭 씹어 읽으면서, 전혀 관계없어 보이는 영역에서 어떻게 하면 여자들의 이야기를 쓸 수 있을까 고민하면서, 그렇게 만들어진 내 기사에서 누군가는 한 줄기의 페미니즘을 발견하고 반가워하길 바라면서, 꾸준히 업무에 '페미를 묻혀'가면서.

전은영

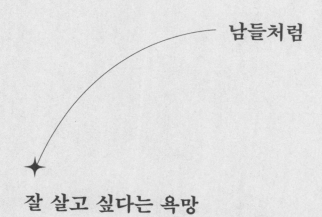

3장

남들처럼

잘 살고 싶다는 욕망

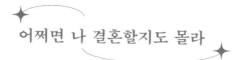

어쩌면 나 결혼할지도 몰라

"난 결혼 같은 거 절대 안 해."

20대 초반 막 '메갈'이 된 직후, 나와 친구들 중 나중에 우리가 결혼을 택할 거라고 생각하는 사람은 아무도 없었다. '비혼'이라는 말이 유행처럼 쏟아져 나오던 때였다. 일찍 결혼하는 여자들을 보면 안타까웠고, 드라마에서 결혼에 목매는 장면이 나오면 시대착오적이라고 비웃었다. 우리는 결혼은 최악의 제도, 가부장제를 유지하는 장치라고 쉽고 명쾌하게 정의했다.

나는 그때 남들을 바보 취급했던 것 같다. 다른 사람들을 바보 취급하는 내가 바보였음을 깨닫는 데까지는 그리 오래 걸리지 않았다. 일을 시작하고 나서 나는 결혼이 단순한 의례가 아니라 이 사회의 중산층으로 점프하는 과정에서 필수 불가결한 요소라는 걸 알게 됐다. 그리고 좀 더 솔직하게 말하면, 어떤 경우에는 결혼을 하는 게 나에게도 좀 더 유리한 선택이 될지도 모른다.

사회생활을 시작한 이후 나는 '그저 그런' 결혼은 하고 싶지 않은 마음과, 그런 결혼조차 하지 못하면 어떡하지 싶은 모순에 시달렸다. 연애를 하고 결혼을 한 번쯤 고민해보면서 괴로움은 더 커졌다. 나는 다른 모양의 결혼을 할 수 있지 않을까 기대했다가 남들과 같은 현실적 조건에 좌절했던 경험 때문이다. 불과 몇 년 전까지만 해도 결혼이라는 주제가 나에게 이렇게 큰 영향을 미칠 거라고 전혀 생각하지 못했다. 페미니즘을 알게 된 이후로 나는 결혼과 출산이라는 여성의 전통적 역할에서 완전히 자유로워졌다고 생각했다. 착각이었다.

일을 시작하고 누군가와 스몰토크를 해야 하는 자리가 많아졌다. 기자에게 점심시간은 쉬는 시간이 아니라 일하는 시간이다. 기업 홍보팀 직원들과는 대부분 식사 자리에서 만난다. 특별한 정보를 교환하려는 목적이라기보다는 서로 적당히 친분을 쌓기 위해서다. 다들 오디오가 비지 않도록 쉼 없이 떠들었다. 주제는 대부분 비슷했다. 주식, 부동산 혹은 결혼.

처음에는 전혀 공감이 되지 않았다. 내겐 집도, 투자의 '시드'라는 1억도, 결혼 생각도 없었기 때문이다. 마음 편하게 적당히 맞장구를 치는 연기를 했다. 그런데 같은 이야기를 매일매일 듣다 보니 처음만큼 마음이 편하지는 않았다. 점점 내 안에 조급함이 생겼다. 내 또래인데도 지방을 돌아다니며 갭 투자를 한다는 누군가의 얘기를 들으면 내가 지금 이러고 있어도 되나, 나도 당장 주말에 임장을 돌아야 하는 거 아닌가 싶었다. 저렇게 살지 않으면 영영 집을 사지 못할 것 같았다.

성희롱 발언을 한 전적이 있어 무척 싫어하던 홍보팀 과장과 점심을 먹은 날이었다. 그는 능글맞고 자기 자랑을 많이 하는 중년 남성이었다. 언제나처럼 부동산이 어쩌네, 정책이 어쩌네 무의미한 말이 떠다니던 중 그가 결혼할 때 산 집 가격이 많이 올랐다고 자랑했다. 평소 같으면 궁금하지도 않았겠지만, 그날따라 저렇게 재수 없는 사람들은 얼마나 잘 먹고 잘 사는지 궁금해서 꼬치꼬치 캐물었다.

그는 4년 전 결혼을 하면서 목동에 아파트를 샀다. 그때도 신문에서는 부동산 가격이 너무 올랐다고 했지만, 결혼할 때 아니면 이런 '몰빵'을 언제 하겠냐 싶어서 강행했다고 한다. 7억을 주고 계약한 아파트는 잔금 납입 시점인 3주 사이에 2억이 더 뛰었고, 2021년에는 17억이 되어 있었다. 평생을 벌어도 모을 수 없는 돈이었다.

이런 얘기를 하루에도 여러 번씩 들으면서 나는 결혼이 부동산과 뗄 수 없는 일이라는 걸 알게 됐다. 결혼이라는 계기가 없으면 부동산을 사는 건 쉽지 않다. 귀동냥으로 들은 보편의 결혼이란 이랬다. 적당히 좋은 직장에 다니는 30대 여자와 남자 둘이, 각자 모은 돈 1억 남짓과 중산층 부모에게 물려받은 1억 내외의 돈을 갖고 가장 상승 가능성이 높은 부동산에 베팅하는 과정.

통계청이 발표한 2020년 인구주택총조사에 따르면 우리나라 30대 미혼 인구 비율은 42.5퍼센트다. 30대 남성 중 결혼하지 않은 사람의 비율은 50.8퍼센트, 30대 여성 중에서는 33.6퍼센트였다. 대부분의 언론은 30대 남성 절반이 미혼이라는 점에 초점을 맞췄지만 내 눈길은 다른 데 꽂혔다.

여전히 30대 여성 10명 중 7명은 결혼을 택한다. 물론 그 비중은 줄어들고 있다. 30대 여성의 미혼 비율은 2000년에는 7.5퍼센트에 불과했다. 2010년에는 20.4퍼센트로 늘었고, 2015년에는 28퍼센트로 올라섰다. 아마 내가 30대 중반이 되는 2025년에는 결혼하지 않는 여자들이 더 늘어나겠지만, 여전히 그보다 더 많은 여자들은 결혼을 택한다. 어쩌면 2025년에는 나도 기혼인구에 속할지도 모른다.

어떤 사회적·경제적 위치에 있었는지에 따라 다르겠지만, 우리 세대의 여성 중 페미니즘에 전혀 영향을 받지 않은 사람은 드물 것이다. 그중에는 나와 내 친구들처럼 페미니즘이 인생의 화두가 된 사람도 있고, 잠깐 화를 내다가 다시 일상으로 돌아온 사람도 있다. 그럼에도 여성 대상 강력범죄, N번방 등 부당한 사건에 분노하지 않는 여자는 없다고 확신한다. 2015년 이전만 해도 연인 사이에서 남자가 여자를 때리는 건 뉴스가 되지 않았다. '데이트폭력'이라는 이름이 생긴 지금은 누구나 그 행동이 잘못됐다는 걸 안다.

어쩌면 나 결혼할지도 몰라

메갈리아 이후 세대도 결혼을 한다. 이 사실이 내게 주는 함의는 컸다. 그들이 페미니즘을 몰라서가 아니라, 페미니즘을 알고 있음에도 결혼을 선택한다는 의미다. 코로나19가 조금 잦아들면서 그야말로 결혼 대유행의 시대가 찾아왔다. 회사 게시판에는 매주 새로운 청첩장이 붙어 있었고, 주말마다 인스타그램 스토리에는 지인과 동창의 결혼 소식들이 가득했다. 혼인율 감소는 다른 나라 일인가 싶을 정도였다.

이제 막 결혼에 골인한 이들이야 당연히 좋은 면만을 보여주겠지만, 삐딱한 시선을 가진 내 눈에도 그들의 결혼은 무척이나 괜찮아 보인다. 주변에서 결혼을 하는 이들이 대부분 안정적인 직장을 갖고 있는 것도 한몫했다. 대기업 직원, 변호사, 기자 등 빵빵한 스펙을 갖춘 선녀선남들이 환하게 웃으며 행복하게 새 출발을 알리는 일을 보고 있자면 '결혼도 나쁘지 않은데?' 싶은 생각도 들었다.

결혼이 여자에게 손해라는 말은 여전히 너무나 유효하다. 육아와 가사노동에 대한 책임은 여전히 여자에게 더 무겁게 지워지고, 당연한 일인 공동부담을 하는 남자들은 유니콘 취급을 받는다. 아이를 낳기로 결심한다면 출산 과정을 물리적으로 혼자 감내해야 한다. 극소수의 직업이 아닌 이상 육아 휴직도 쉽지 않다.

그러나 여자들은 영민하게 그 안에서 살길을 찾는다.

하영은 대학 시절 친구들에게 무척 귀여움을 받던 친구였다. 독실한 크리스천 집안에서 자란 그는 우리처럼 대놓고 키보드 배틀을 뜨고 다니지는 않았지만 여성혐오적 댓글이나 N번방 사건에 분노를 표한다는 점에서 분명 페미니스트였다. 그는 곧 목사가 될 예정인 신학생 남자친구를 오랫동안 만나고 있었다.

우리는 순진한 하영이 남자친구와 덜컥 결혼을 해버리면 어쩌나 걱정했다. 전통적인 기독교 세계관에서 목사의 아내는 품위를 유지하며 남편을 보조하는 무급 노동을 해야 하는 존재다. 재능 넘치는 내 친구가 사모 역할을 하느라 자아를 실현하지 못한다면 너무 슬플 것 같았다. 그런데 하영의 말은 우리의 예상을 뒤집었다. "나 일 그만둘 생각 없어! 그리고 오빠랑 결혼하면 사택이 나오잖아."

목사는 교회에 부임하는 순간 사택이 제공된다. 일종의 사적 복지인 셈이다. 당시 하영은 동생과 함께 서울에서 자취를 하고 있었는데, 동생과 잘 맞지 않아 독립을 고민하고 있던 참이었다. 그런데 사랑하는 사람과 결혼을 해서 집까지 생긴다면? 그야말로 남는 장사였다. 하영에게는 다 계획이 있었던 셈이다. 결혼이라는 선택지를 앞둔 하영의 고민을 너무 가볍게 치부한 건 아니었을까 반성했다.

평생 가난하게 살겠다고 다짐한 친구 수현도 비슷하게 결혼을 '이용'하기로 한 케이스다. 수현은 시민단체에서 일하는 사회활동가다. 그가 자신의 연인과 결혼을 고민하는 이유 중 하나는 제도적 지원이다. 결혼을 택하면 얻을 수 있는 게 많았다. 대단히 부유하지는 않지만 자녀가 결혼하기를 바라는 양쪽의 부모에게서 약간의 지원을 받을 수 있었고, 신혼부부 대출도 가능했다. 두 사람은 최근 상견례를 했고 평등한 관계를 위한 둘만의 방식을 찾아가고 있다.

중학교 친구인 다미는 주변 친구들 중에서 가장 빨리 결혼 날짜를 잡았다. 다미는 어렸을 때부터 성격이 밝고 아이들을 좋아해서 아동보육학과에 진학했다. 유치원 선생님으로 일하던 중 의사인 친오빠의 소개로 대기업에 다니는 남자친구를 만났다. 둘은 너무 잘 맞았고 다섯 달 만에 결혼을 결심했다. 몇 년간 일하는 동안 지쳐서 좀 쉬고 싶었던 다미는 결혼을 준비하며 일을 그만두기로 했고, 남자친구도 찬성했다.

'설거지론'에 분노하는 남초 사이트 유저들은 다미가 '취집'을 했다고 비난할지도 모른다. '설거지론'은 연애 경험이 없는 남자가 여러 남자를 만나본 여자와 결혼하는 일이 남이 먹은 그릇을 설거지하는 것과 같다는 이론이란다. 비록 매력이 없어서 여자는 못 만나봤지만 서울 4년제 대학을 나오고 스펙을 쌓아 좋은 직장에 들어갔는데, 자신을 사랑하지 않는 여자와 결혼해서 집에 돈을 가져다주는 ATM 기계로 살까 봐 걱정된다는 얘기다.

무척 새로운 이야기인 양 떠들어댔지만 사실 무수히 반복돼온 꽃뱀 이야기와 딱히 다를 게 없다. 남자들은 순진하고 유혹에 약하기 때문에, 사랑 없이 자신을 꼬시는 여자에게 넘어가 돈만 빼앗길지도 모른다는 오래된 망상의 최신 버전이다. 자신이 매력이 없고 별것 아니라는 사실에서 오는 근원적 공포와, 적당한 직장이라는 '별것'을 손에

어쩌면 나 결혼할지도 몰라

쥐게 됐을 때 '나 정도면 평균 이상이지' 하며 스스로를 과대평가하는 심리에서 조금도 벗어나지 못했다.

이들은 결혼이라는 게 어떻게 성사되는지를 모르는 듯하다. 그들이 생각하는 '조건뿐인 결혼'이란 건 현실에서 흔치 않다. 여자가 바보가 아닌 이상 전혀 매력을 못 느끼는 상대에게 직업이 괜찮다는 이유로 인생을 걸 리가 없다. 요즘 세상에서는 남편의 직장 하나가 딱히 평안한 인생을 보장해주지도 않는다. 마음도, 각자의 직장과 연봉도, 지원을 해줄 수 있는 부모의 배경도, 타이밍도 모두 맞아야 결혼에 골인한다. 그런 의미에서 결혼을 한다는 건 무척이나 운이 따라야 하는 일이다.

다미 남자친구의 연봉은 다미의 두 배쯤 됐다. 다미보다 좋은 학교를 나왔고 더 안정적인 직장을 갖고 있었다. 대신 다미의 집이 더 잘살았고, 결혼 이후 지원해줄 수 있는 돈도 훨씬 컸다. 서로의 조건이 퍼즐처럼 잘 맞았던 셈이다. 그러나 이런 조건들만으로 결혼이 성립할 수는 없었다. 오히려 조건은 결혼하고 싶은 마음 이후의 일이었다.

얼마 전 다미가 마련한 신혼집에 집들이를 하러 갔다. 깨끗하고 단정한, 새집 냄새가 폴폴 나는 신도시 아파트였다. 대체 어떤 놈이길래 내 친구를 채가나 의심과 불신을 가득 안고 갔는데, 실제로 만나본 다미의 남자친구는 내 눈에도 매우 좋은 사람이었다. 그는 매우 조용한 성격이 었는데, 다미는 그를 '내가 춤을 추면 같이 추는 사람'이라 고 표현했다. 그 설명에서 나는 둘 사이의 행복을 잠깐 엿 볼 수 있었다. 다미는 아이를 좋아하고, 빨리 갖고 싶다고 말했다. 나는 다미가 곧 아이를 낳을지도 모른다고 생각했 다. 그리고 다미가 일을 다시 하지 않더라도, 그를 '경력단 절여성'이라는 단어만으로 명쾌하게 설명하기는 어렵다 고 생각한다.

전형적인 결혼을 택한 다미는 페미니스트가 아닐까? 다 미는 서울 4년제 대학을 나오지 않았고, 페미니즘 책을 읽 어본 적 없고, 함께 키보드 배틀을 뜨던 '메갈'도 아니다. 다미에게 페미니스트냐고 물으면 아니라고 대답할지도 모른다. 그러나 그녀는 분명 우리의 대학 시절을 관통했던 페미니즘의 영향을 받았다. 지난 연애들을 돌이켜보며 데 이트폭력이었다고 재정의하고, 자신의 남자친구가 '한남' 이 아니라서 다행이라고 말한다. 순순히 가부장제 속으로 걸어 들어가 시부모님에게 대리 효도를 할 성격도 아니다.

어쩌면 나 결혼할지도 몰라

나는 다미가 페미니스트라고 생각한다. 그녀는 자신의 상황에서 가장 똑똑하고 유리한 선택을 했다. 두 사람은 적절한 등가교환을 이뤘고, 그들의 눈에서는 꿀이 뚝뚝 떨어졌다.

다시 나의 고민으로 돌아오면, 나는 사회생활을 시작한 이후에야 비로소 결혼이 무엇인가에 대한 진지한 탐구를 시작했다. 가장 먼저 느낀 건 두려움이다. 내가 그저 그런 '평균적인' 남자를 만나 결혼할까 봐 두려웠다. 일하면서 만난 직장인 남성들을 내 미래의 남편에 대입해보면 절망적이었다. 대기업에 다니는 남자들은 다 저렇게 될 수밖에 없는 건가 싶을 정도로 비슷한 모습이었다. 다들 자기 와이프가 얼마나 별로인지를 늘어놓으면 자기의 가치가 올라간다고 믿는 듯했다. 집에 들어가기 싫다느니, 와이프가 맛있는 걸 해주고 씻는 소리가 나면 공포스럽다느니 농담을 하면서 자기들끼리 낄낄거렸다. 남자가 사회생활을 위해 '여자 나오는 술집'에 다녀오는 정도는 아내가 이해해야 한다는 게 그들의 보편 상식이었다. 적당한 남자를 만나 결혼하고 나면, 그도 밖에서 나에 대해 저렇게 말할까?

동시에 그런 사람들의 대열에조차 끼지 못하면 어떡하나, 하는 공포가 나를 짓눌렀다. 원래 남자들이 다 이런 거라면, 개중에 괜찮은 사람을 하루빨리 찾아나서야 하는 것 아닐까? 일하면서 만난 사람들은 내게 빨리 결혼을 하라고 부추겼다. 대단한 진심도 아니었겠지만, 악의가 있는 말도 아니었다. "아예 안 하고 살 거면 모를까, 어차피 할 거라면 일찍 결혼하고 아이도 일찍 키워버리는 게 속 편해", "결혼은 꼭 직업 좋고 집안도 괜찮은 남자랑 해야 해." 그런가요 허허, 하며 한 귀로 듣고 한 귀로 흘려 넘겼지만 그런 말들은 완전히 떼어지지 않고 내 안에 눌어붙었다.

20대 초반, 내가 한 치의 의심도 없이 나를 비혼주의자라고 정의했던 건 내가 결혼과 너무 먼 삶을 살았기 때문이다. 그때는 결혼하고 싶은 마음도 없었지만, 결혼으로 내가 얻을 수 있는 것도 없었다. 결혼, 선, 조건, 부동산, 투자, 정상 가족. 이런 것들은 내 욕망이 아니라고 너무 쉽게 단언했다. 그러나 사회에 내던져지면서 내 욕망과 다른 사람들의 욕망을 구분하는 게 어려워졌다. 그리고 보편적인 욕망, '다정하고 잘생기고 쿵짝이 잘 맞는 남자를 만나 단란한 가정을 꾸리고 싶은' 욕망이 사실 내 안에도 있다는 걸 발견하게 됐다.

나의 비혼 선언이 손쉬웠던 건 결혼이라는 정상성의 세계가 얼마나 매력적이고 무서운지를 경험해보지 못했기 때문이었을지도 모른다. 사랑하는 사람을 만나 안정을 찾고 싶다는 욕구는 누구도 비난할 수 없는 인간의 본능이다. 자본주의의 매운맛을 보면서 결혼이 중산층으로 가는 사다리라는 클리셰를 인정하게 됐다. 그러면서 결혼이라는 선택지가 내 인생에 있을지도 모른다는 것도 (자존심 상하지만) 알게 됐다. 어쩌면 비혼으로 살겠다는, 다른 방식의 연애 관계를 찾겠다는 내 생각이 철없는 건 아닐까? 조금이라도 더 젊고 예쁠 때 더 나은 남자를 찾아보며 '투자'를 해야 하는 게 아닐까? 여기까지 생각이 미치자 아차 싶었다. 그동안 내가 수도 없이 비판하고 비웃었던 바로 그 생각을 스스로 하게 됐기 때문이다. 정상성의 화신들이 하는 말에는 다 이유가 있었던 셈이다.

이런 이야기를 털어놓자 한 친구는 이걸 '3년 차의 고민'이라고 정의했다. 먹고사는 일이 어느 정도 안정되는 3년 차들이 겪는 고민이라는 의미였다. 좋은 대학을 나왔어도 요즘 같은 취업난에는 구직 전까지 생존의 문제를 확신할 수 없다. 어떻게든 좁은 문을 비집고 들어간 후에도 초반 한두 해쯤은 적응하느라 바빠 다른 생각을 할 겨를이 없다.

그러나 대충 3년 차쯤 되면 알게 된다. 아, 어떤 직장이든 일이라는 건 비슷하고 내가 굶어 죽지는 않겠구나. 이직과 연봉, 자기계발 등등의 고민은 여전히 남아 있지만 취준생 시절처럼 생존에 대해 고민할 일은 없어진다. 이때부터 연애와 결혼에 대한 진지한 고민이 다시 시작되는 것 같다.

지금은 죄책감을 덜고 좀 더 단순하게 생각하기로 했다. 아무튼 나는 이성애자고, 연애는 내 인생을 즐겁게 하는 중요한 요소다. 결혼해서 독박육아를 하면서 남편을 공경하고 시부모를 봉양하며 살 생각은 절대로 없다. 하지만 페미니즘이라는 신념에 반하지 않으면서도 사랑하는 사람과 즐겁고 안정적인 관계를 꾸릴 수 있다면, 결혼이라는 가능성을 완전히 닫아둘 필요가 있을까? 사회생활을 시작하기 전 나는 이 세계를 알지 못했기 때문에 '확신의 비혼주의자'일 수 있었다. 요새는 다들 서로의 미래를 궁금해

어쩌면 나 결혼할지도 몰라

하면서도, 그래도 너무 빨리 결혼하지는 말자는 농담을 던진다. 더 치열하고 더 현실적으로 고민하는 과정, 일보 전진을 위한 일보 후퇴라고 생각하기로 했다.

김소라

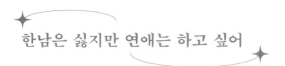

한남은 싫지만 연애는 하고 싶어

비혼과 비연애라는 단어는 등장하자마자 우리를 사로잡았다. 무척 쿨하고 심플했다. 결혼과 연애는 가부장적인 문화의 연장선이고, 페미니즘에 눈을 뜬 우리는 그걸 거부하겠다는 선언. 그 말들은 그동안 연애와 결혼이라는 목적지를 향해 100미터 달리기를 해야 하는 것처럼 등 떠밀렸던 20대 여성들이 단숨에 방향을 돌리게 만들었다.

그리고 몇 년이 지난 지금, 이성애자 친구들 중 비연애주의를 여전히 고수하는 이들은 많지 않다. 다들 은근슬쩍 자연스럽게 마음 맞는 애인을 만났고, 여러 부침을 겪으며 연애를 이어가고 있다. 사실 '4B 운동'이라고 불리는 비혼·비연애·비섹스·비출산 중 결혼과 출산은 아직 겪어보지 않은 일이기도 하고, 우리에게 좀 멀게 느껴지는 얘기다. 하지만 연애와 섹스는 겪어본 일이고, 그렇기 때문에 그게 얼마나 재밌는지도 안다. 그래서 우리는 '한남'은 싫지만 연애는 하고 싶은 이상한 모순에 맞닥뜨렸다.

내 첫 연애는 스스로를 페미니스트로 정의한 이후에 시작됐다. 나의 애인은 정말 좋은 사람이었다. 사회운동을 하는 사람이었고 가치관이 뚜렷했으며 나보다 더 열심히 페미니즘을 공부했다. 나를 불편하게 하는 '빻은 말'을 일삼지도 않았고, 우리 사이의 권력관계에 대해서도 늘 고민했다. 그는 나를 대상화하지 않고도 칭찬할 수 있었고, 부족하다는 느낌 없이 사랑해주었다. 다만 연애에 대한 흔한 명언처럼, 만날 때는 장점이었던 게 헤어질 때는 단점이 됐다. 그는 좋은 직장, 적당한 중산층 부모와 화목한 가정 같은 걸 가진 사람은 아니었다. 가난한 시민단체 활동가였고, 평생 돈을 많이 버는 데는 관심이 없는 사람이었다.

연애를 시작할 무렵에만 해도 나는 내가 비혼주의자라고 굳게 믿었다. 애인이 "너는 결혼 생각 없어?"라고 물으면 1초도 고민하지 않고 없다고 답했다. 결혼 생각이 없기 때문에 조급함이나 불안함이 없는 연애가 가능했던 것 같다. 하지만 함께하는 시간이 길어지면서 나는 그 다음을 자꾸 상상하게 됐다. 그 무렵 나는 혼자 살았기 때문에 주말이면 애인이 자취방에 와서 며칠 머물다 가는 일이 많았다. 함께 밥을 차려 먹고 집안일을 하면서 자연스럽게 결혼을 떠올렸다. 우리는 페미니스트니까 다른 관계가 가능하지 않을까? 여자인 내가 돈을 벌고 남자인 네가 집안일을 한다면? 집을 살 수는 없겠지만 신혼부부 대출 같은 좋은 제도들도 있잖아. 아주 좋은 집은 아니더라도 둘이서 재밌게 일상을 꾸려나가는 게 가능하지는 않을까? 서로를 닮은 아기를 낳으면 행복하고 경이롭지 않을까?

하지만 이런 이야기를 입 밖에 꺼내려면 서로가 서로의 감정에 솔직해져야 했다. 그게 쉽지 않았다. 나는 그의 가난이 걱정스럽다고 말하지 못했고, 그는 자신이 나의 세속적인 욕망을 충족시켜줄 수 없다는 걸 알고 있었기 때문

한남은 싫지만 연애는 하고 싶어

에 이 주제에 대해 말하는 걸 피했다.

'정상성'에 대한 열망이 커지면서 관계가 삐걱거렸다. 당시 내 안에는 여러 정체성이 뒤섞여 있었다. 연애를 시작할 무렵 나는 학생이었고 페미니스트였으며, 동시에 누군가의 딸이고 친구고 애인이었다. 불의를 참지 못하는 정의로운 사람이자 좋은 사람이고 싶다는 정체성도 있었다. 취준생 시절에도 상대의 학자금 대출이 얼마나 남아 있는지, 부모님의 노후 준비는 잘 돼 있는지는 전혀 중요하지 않았다. 그러나 사회에 진입하고 결혼에 대해 진지하게 생각하기 시작하면서 이런 것들이 너무나 중요해졌다. 회사에 다니고 만나는 사람들이 바뀌면서 직장인 정체성이 커졌다. 그러자 과거에는 보이지 않던 것들이 눈에 들어오기 시작했다. 취업에 성공하면서 안정적인 월급을 받게 됐고, 앞으로 연봉과 자산을 늘리는 게 직업 선택의 가장 중요한 요소가 됐다. 모두가 주식과 코인과 부동산을 얘기할 때 나는 그것과 동떨어진 사람처럼 고상하게 자본주의를 비판하고만 있을 수는 없었다. 그러나 나의 애인은 주식 같은 건 해본 적도, 해볼 일도 없는 사람이었다. 앞으로 돈을 더 벌기보다는 더 힘들고 열악한 현장으로 갈 준비가 돼 있는 사람이었다.

역설적이게도 상대가 너무 좋았기 때문에 이 관계를 끝내야 한다는 압박이 생겼다. 그를 만난 후에야 '결혼이라는 걸 해볼 수도 있겠다'는 생각이 들었지만, 결혼을 한다면 이 사람과는 하면 안 됐다. 그와 결혼하면 내가 상대를 '먹여 살리는' 꼴이 될 게 뻔했다. 사랑을 이유로 함께 가난에 뛰어들 용기는 없었다.

나는 이 결정이 돌이킬 수 없는 어떤 버튼을 누르는 걸지도 모른다는 생각에 두려웠다. 많이 좋아했던 사람과 헤어지는 과정도 힘들었지만, 이 결정이 내 가치관을 모조리 부정하는 것 같아 고민하는 시간도 만만찮게 괴로웠다. 내가 배워온 페미니즘은 여자가 잘되는 것만을 의미하진 않았다. 가부장적인 규칙에서 벗어나는 것, 정상성에 구애받지 않고 내가 살고 싶은 삶을 그려나가는 것이 내가 생각하는 페미니즘이었다.

그런 기준에서 남자친구가 가난하다는 이유로 헤어지는 것은 나의 페미니즘과는 맞지 않는 일이었다. '남자는 돈이 많아야 하고 여자보다는 잘 벌어야 한다', '결혼할 때 남자가 집을 해와야 한다', '아이는 엄마가 키워야 한다' 같

한남은 싫지만 연애는 하고 싶어

은 고루한 사고의 연장선에 놓여 있는 말이었다. 그와 헤어지는 순간, 내가 맞서왔던 규칙 속으로 걸어들어가게 될 것만 같았다. 이 사람과 헤어지고 적당히 좋은 직장에 다니는 남자를 만난다면, 상대 역시 내게 조신한 아내와 엄마 역할을 기대하지 않을까? 내가 그렇게 할 수 있을까? 그게 내가 원하는 게 맞나? 남들이 보면 고작 연애 하나를 끝내는 데 너무 심오하게 생각하는 것 아니냐고 말할지도 모른다. 그렇지만 내게는 이 연애가 내가 앞으로 어떤 모습으로 살 것인가를 결정하는 출발선처럼 느껴졌다.

결국 나는 헤어지는 걸 택했다. 고민이 깊어지면서 이 갈등이 단순히 '가난'의 문제는 아니라는 점도 깨달았다. 지금 당장 통장에 얼마가 있는지의 문제가 아니라, 삶의 가치관과 방향성의 차이였다. 언뜻 상상했던, 내가 돈을 더 벌고 그가 가사노동을 더 하는 모양의 삶도 불가능했다. 그에게는 사회를 바꾸겠다는 목표가 1순위였기 때문에 일하며 사람들을 많이 만나야 했고 가정에 헌신할 수 없었다. 둘이서 어떻게 해결할 수 없는 문제였고, 문제를 안고 있는 상황에서 좋아하는 마음도 점점 훼손됐다. 드라마에 나오는 '현실의 벽'이라는 말이 뭔지 조금 알 것 같았다. 명확하게 결론을 내리지 못한 상태에서 의문점만 가득 쥔 채 첫 연애가 끝났다.

그렇게 연애가 끝난 후 나는 틴더와 소개팅을 통해 몇 번의 데이트를 이어갔다. 긴 연애를 통해 얻은 교훈은 나는 아무래도 살면서 누군가와 친밀한 관계를 맺는 즐거움을 포기하진 못할 것 같다는 거였다. 안타깝게도 나는 이성애자였고, 영어를 못하니까 외국인을 만날 수도 없었다. 결국은 한국 남자와 연애를 해야 했는데, 어차피 연애를 '못 잃을' 거라면 그중에서 괜찮은 사람을 만나야 하지 않을까 싶었다.

나는 스스로를 페미니스트 '출신' 이성애자 직장인으로 정의했다. 예를 들면 '선출(선수 출신)' 같은 거였다. 필드를 뛰는 현직은 아니지만 과거의 정체성이 내 몸에 남아 있다고 해야 할까. 이제 더 이상 새벽 4시까지 눈 벌개져 가며 키보드 배틀을 뜨지도 않고, 사소한 불편함은 웃어넘길 수 있는 의연함도 갖췄지만, 내 가치관의 뿌리가 페미니즘에 있다는 건 바뀌지 않았다. 마찬가지로 예전처럼 비혼과 비연애를 기반으로 삶을 계획하지는 않게 됐어도, 나는 여전히 페미니스트였다.

한남은 싫지만 연애는 하고 싶어

자, 그럼 나는 누구를 만나야 되나? 아니, 누구를 만날 수 있을까? 연애는 하고 싶었지만 '한남'은 싫었던 나는 나름대로 몇 가지 기준을 세우고 데이트에 나섰다. 누나가 있는가? '군부심'이 있는가? 자궁경부암 백신 이야기를 했을 때 알레르기 반응을 보이는가? 퀴어축제에 대해 어떻게 생각하는가? 물론 실전에서는 무참히 깨진 가설도 있었고, 데이트를 해보면서 새롭게 추가된 것들도 있었다.

틴더에서 처음으로 데이트한 김유학은 미국에서 살다 온 대학원생이었다. SNS 프로필에 차별금지법 제정 링크를 걸어둔 걸 보고 이 정도면 괜찮겠다 싶었다. 우리는 한강에서 만나 맥주를 마시기로 했다. 만나자마자 김유학은 이렇게 말했다. "운동 별로 안 좋아한다더니 몸매 관리가 잘 되고 있는데요", "약간 광대가 있는 스타일이시네요. 저는 그런 얼굴이 좋더라구요." 사정없는 외모 평가에 그만 정신이 아득해져서 맥주만 마시고 금방 헤어졌다.

소개팅을 통해 만난 설박사는 공부를 무척 많이 한 연구원이었다. 그는 본인처럼 박사 학위를 가진 누나가 있다고 했다. 나도 남동생이 있는데, 누나가 있는 남자들은 높은 확률로 덜 마초적이라고 확신한다. 어떤 남자들은 살면서 힘이든 권력이든 '말빨'이든 여자가 자기 위에 있을 수 있다는 걸 전혀 받아들이지 못한다. 이들은 커서 여자 상사 말은 무시하고 남자 상사한테만 딸랑거리는 직장인이 된다. 그러나 어렸을 때는 자연의 법칙에 따라 몇 달이라도 빨리 태어난 놈이 덩치가 크다. 누나가 있는 남자들은 아주 어렸을 때만큼은 누나에게 물리적으로 패배하는 경험을 해봤을 거다. 여자가 자기보다 힘이 셀 수도 있고 똑똑할 수도 있다는 걸 아는 것과 모르는 것은 매우 큰 차이가 있다.

그래서 누나가 있는 남자라면 좀 괜찮지 않을까 했는데, 설박사는 소개팅 두 번째 만남에서 꽃다발을 건네며 이렇게 말했다. "앞으로도 예쁜 짓 하면 또 사줄게." 가부장적인 건 둘째 치고 너무 촌스러워서 온몸에 소름이 오소소 돋는 멘트였다. 꽃은 별로 좋아하지도 않거니와, 예쁜 짓 안 하고 내 돈 주고 사겠다는 말이 입안까지 차올랐다.

덜 '빻은' 남자를 만나면 매력적으로 느껴질까? 나는 그럴 거라고 생각했는데, 실제로 겪어보니 그게 꼭 로맨틱하

한남은 싫지만 연애는 하고 싶어

거나 섹슈얼한 감정으로 이어지는 건 아니었다. 틴더로 만난 남정의는 30대 공무원이었다. 그는 진보 정당을 지지하면서 페미니즘에 동의하고 영화와 책, 위스키를 좋아하는 사람이었다. 취향과 취미가 신기할 정도로 일치했고 두어 번 만나는 동안 대화가 끊이질 않았다. 남정의는 모범적인 남성 페미니스트였고, 매우 조심스럽게 내게 데이트를 신청했다. 그럼에도 불구하고 나는 그와 친구가 되고는 싶었지만 연애를 하고 싶진 않았다. 나조차도 어쩌란 걸까 싶지만, 미안하게도 섹슈얼한 긴장감이 전혀 느껴지지 않았다.

데이트를 하면서 새로운 리트머스지를 획득하는 경우도 있었다. 네 번째로 데이트한 박공대는 나보다 한 살 어린 이공계 출신의 직장인이었는데, 그는 내 직업을 굉장히 멋지다고 생각했다. 자기 주변에는 코딩이나 수학 하는 사람들밖에 없고 기자는 처음 본다고 했다. 솔직히 기자라는 직업 특성상 어느 정도는 잘난 척을 할 수밖에 없었는데, 그걸 존중하는 사람이라면 여자가 자기를 '이겨먹어도' 자존심 상해하지 않을 것 같았다.

박공대와는 꽤나 오래 데이트를 이어갔는데, 어느 날

그가 자궁경부암 예방주사 얘기를 먼저 꺼냈다. 1차는 맞았고 2차를 아직 안 맞았는데, 산부인과에 혼자 가는 게 민망해서 못 가고 있다는 이야기였다. 깜짝 놀라서 어쩌다 맞게 됐냐고 물었는데, 자신의 전 여자친구가 권했다고 했다. 와우…… 나는 얼굴도 모르는 그의 전 여자친구에게 유대감을 느꼈다. 애인에게 자궁경부암 예방주사를 맞혔을 정도면 그의 전 여자친구도 페미니스트였다는 건데, 그는 페미니스트 여성을 이미 겪어봤겠구나 싶어 이상한 안심도 좀 생겼다.

이 밖에도 학교 선생님인 김체육, 휴대폰 대리점 직원 최영업 등 다양한 사람을 만났다. 몇 달간의 데이트 실험을 통해 꽤 많은 교훈을 얻었다. 안 하던 걸 해보면서 나의 어떤 부분이 상대에게 매력적으로 비치는지, 상대의 어떤 부분에서 내가 호감을 느끼고 흥이 깨지는지를 배울 수 있었다. 연애를 떠나 인간관계 실험을 하는 느낌이기도 했다. 10명을 만나면 10명마다 관계를 시작하고 끝맺는 형태가 달랐다.

그리고 부끄럽지만 인정하게 됐다. 어느 정도는 조금씩 '한남'일 수밖에 없는 남자들과의 데이트는 즐거웠다. 어차피 이렇게 살아야 한다면, 앞으로도 연애를 계속 할 생각이라면, 어떤 형태의 관계가 나에게 맞는지, 어떤 사람을 만나야 할지 잘 알고 만나는 편이 좋을 것이다. 성공보다는 실패가 더 많았지만, 페미니스트로서 연애하기 실험은 계속될 것 같다.

김소라

몸과의 불화를 멈출 수 있을까?

"메갈 쿵쾅이들아! 너네 못생기고 뚱뚱해서 페미니스트 하는 거지?"

페미니즘과 조금이라도 관련 있는 주제에는 어김없이 안티 페미니스트가 나타나 이렇게 외쳤다. 그럴 때마다 우리는 귀찮은 듯 손을 휘저었다. "아이고, 타격감 없다. 이미 너 같은 애들 백 명 지나갔어."

페미니스트의 외모에 대한 비난은 21세기 한국의 발명품은 아니다. 여성 참정권을 요구했던 서프러제트도 '괴물같이 못생긴 여자들만 그런 소리를 한다'는 모욕을 들었다. 그런데 곰곰이 생각해보면, 내게는 어느 정도 맞는 말이기도 하다. 돌이켜보면 나는 '못생기고 뚱뚱해서' 페미니스트가 됐다.

여자들은 저마다의 이유로 페미니스트가 된다. '뚱뚱한' 여자는 외모로 사람을 평가하고 비난하는 외모지상주의가 지겹고 불쾌해서 페미니스트가 되기도 한다. '예쁘고 날씬한' 여자는 자신에 대한 존중이 없는 플러팅과 성적 대상화의 경험이 괴로워 페미니스트가 되기도 한다. 나는 내 몸과 불화하는 과정에서 페미니즘적인 고민을 시작했다. 사람들은 왜 내 외모에 대해 내가 원하지도 않은 걱정과 평가를 던질까? 왜 내 가슴은 어떤 순간에는 불필요한 체지방이었다가 어떤 순간에는 '야한 것'이 될까?

페미니스트로 스스로를 정체화한 후에도 내 몸과 나의 관계는 여전히 명쾌하게 해결되지 않았다. '멧돼지', '쿵쾅쿵쾅' 등의 단어에는 코웃음을 치다가도 키보드 배틀을 뜨던 상대가 내 사진을 보고 외모를 평가할 때는 또 가슴이 쿵쿵 뛰었다.

나에게 내 몸은 언제나 불만의 대상이었다. 3.9킬로그램 우량아로 태어난 나는, 먹는 것을 좋아하고 살이 잘 찌는 체질이었다. 엄마는 어린 나에게 과자를 못 먹게 했지만 똑똑하고 영악했던 나는 간식을 서랍에 숨겨놓고 몰래 먹는 법을 터득했다. 어른들은 묻지도 않은 조언을 마구 했다. 어렸을 때 살은 키로 간다더라. 그래도 운동은 틈틈이 해야지. 여자애가 저래서 어떡하냐. 애가 듣는데 못하는 소리가 없어! 나는 가만히 있었는데 친척 어른들은 그럴 수 있는 권리라도 가진 것처럼 내 몸에 대해 떠들어댔다.

내 첫 다이어트의 기억은 초등학교 4학년 때다. 엄마는 아파트 단지 안에 있던 헬스장에 나를 끌고 가 러닝머신 위에 세웠다. MTV에서 흘러나오는 채연과 이승기의 뮤직비디오를 보면서 나는 열심히 걷고 또 걸었다. 열한 살 어린이에게 러닝머신 한 시간은 가혹했다. 엄마는 내 옆에서 발톱이 빠질 만큼 무리하게 운동을 해 15킬로그램을 뺐다. (엄마는 지금도 그때가 자신의 '리즈 시절'이라고 말한다.) 나는 왜 해야 하는지도 모르는 채 영혼 없이 러닝머신 위를 걸었고, 다음날 엄마 몰래 하굣길에서 불량식품을 사먹었다.

덩치가 큰 여자애는 언제나 남자애들의 놀림거리였다.

몸과의 불화를 멈출 수 있을까?

시간이 지나며 단순한 놀림이 아니라 성희롱이 따라붙었고, 몸은 불만을 넘어 수치스러운 것이 됐다. 중학생 때는 같은 반 남자애들이 여자애들의 가슴 크기를 ABCD로 표시해 줄을 세웠다. 나에게는 '우리 반에서 가슴이 제일 큰 애'라는 꼬리표가 붙었다. 지금의 나였다면 너희 고추 크기도 채점해주겠다고 덤볐겠지만, 그 당시에는 너무 큰 상처였다. 발신번호 표시 제한으로 내게 전화를 걸어 "슴만튀(가슴 만지고 도망가기) 해도 되냐"고 낄낄대다 끊는 애들도 있었다.

뚱뚱한데 가슴이 큰 여자애는 호기심과 욕망의 대상인 동시에 혐오의 대상이었다. 페미니즘 리부트가 한창이던 대학생 시절, 어떤 학교의 단톡방 성희롱 사건에서 '봉씌먹'이라는 말을 발견했다. 몸매는 괜찮은데 얼굴이 못생겼으니 얼굴에 봉지를 씌워놓고 '따먹겠다'는 말이었다. 이 말을 보자마자 중학생 때로 돌아간 것 같았다. 그 당시 반 남자애들에게 내 가슴은 야한 것, 통통한 몸은 혐오스러운 것이었고, 단톡방 성희롱 피해자의 몸매는 '따먹고 싶은' 것, 얼굴은 가리고 싶은 것이었다. '예쁘다, 못생겼다'가 1차원의 평가라면, 이건 여자를 사람으로 취급하지 않고 조각조각 살덩이로 나눠 대상화하는 말이었다.

몸에 대한 비난과 평가는 차곡차곡 내 안에 쌓였다. 돌이켜보면 나는 단 한순간도 내가 뚱뚱하다는 사실을 자각하지 않은 적이 없었다. 길을 걷다 창문에 내 모습이 비칠 때, 내려다본 다리가 너무 두꺼워 보였을 때, 지나가는 여자가 너무 날씬해서 나랑 비교될 것 같을 때, 그리고 이런 사실을 자각하는 매 순간순간마다 나는 내가 부끄러웠고 위축됐다. 오랜 자기혐오는 나를 갉아먹었다. 나처럼 뚱뚱한 사람이 이런 옷을 입으면 사람들이 욕하지 않을까? 살찐 애가 길에서 뭘 먹으면 누가 손가락질하지 않을까? 옷가게에 가면 점원이 맞는 옷이 없다며 비웃지 않을까?

이런 나에게 페미니즘은 해방이었다. 십수 년간 들어온 자존감을 갉아먹는 말들이 사실 별 게 아니라고 처음 알려줬기 때문이다. 이전에는 60킬로그램이 넘으면 여자가 아니라는 말을 면전에서 들어도 60킬로그램이 넘는 내 몸을 탓하는 법밖에 몰랐지만, 페미니즘을 알게 된 후에는 그런 말을 하는 사람이 얼마나 무례한지를 지적할 수 있게 됐다. 공기 같았던 자기혐오에서 벗어나는 방법을 찾은 것 같았다.

'그렇게 저는 페미니즘을 공부하고 제 몸을 사랑하며 오래 오래 행복하게 살았습니다.' 이렇게 아름답게 이야기가 마무리되면 좋았겠지만…… 현실은 그렇지 않았다. 오랜 시간 동안 쌓여온 몸과의 다툼은 페미니즘을 알게 됐다고 간단하게 정리되지 않았다.

친한 친구들에게도 미처 말하지 못한 것이 있다. 오랜만에 본 친구들이 "못 본 새 왜 이렇게 날씬해졌어?"라고 으면 대충 얼버무렸다. 회사 상사가 "요즘 운동하나 봐?" 물어도 그렇다고만 말했다. 사실 나는 일 년 전쯤 지방흡입 수술을 했다. 수술대 위에 누워서 생각했다. 지방흡입을 하는 페미니스트도 있을까?

지방흡입은 나를 오랫동안 짓누르던 몸에게서 벗어나기 위한 마지막 도피였다. 어렸을 때는 대학에 가면 살이 빠진다고 했고, 통통한 볼살은 젖살이라고 했지만 내 경우 딱히 그렇지는 않았다. 취업 준비 기간에는 불안정한 상황 때문에, 취직을 한 후에는 직장생활에서 오는 부담으로 스트레스를 받았다. 다른 방법을 몰라 매번 음식을 먹는 행위로 스트레스를 풀었고, 정신을 차려보니 몸무게는 10킬로그램이 넘게 불어 있었다. 조금만 움직여도 숨이 찼고, 피부의 튼살이 심해졌으며, 허리도 아파왔다. 내가 내 몸을 컨트롤할 수 없는 기분이 들었지만 어디서부터 어떻게 몸을 정비해야 하는지 감이 오지 않았다. 그러던 중에 고등학생 때 찾아봤던 지방흡입 수술이 생각났다. 그때는 할 수 없었지만, 지금은 돈도 있었고 코로나19로 재택근무를 하느라 시간의 여유도 있었다. 병원을 알아보고 후기를 읽으면서 자괴감이 들었지만, 통제가 안 되는 몸을 '정상으로 고쳐놓고' 싶다는 생각이 앞섰다. 이 지긋지긋한 굴레에서 벗어나고 싶었다.

성형은 몸에 인위적으로 상처를 낸 후 회복해야 하는 과정이었다. 지방흡입은 피하지방층에 약물을 넣고 긴 빨대 같은 케뉼라로 지방층을 빨아들이는 수술이다. 고깃덩이처럼 온몸에 빨간 약을 바르고 수술대에 올라갔다. 눈을 뜨고 마취가 풀리자 상처를 낸 부위가 얼얼하게 아팠다. 수술 후 일주일 정도는 꼼짝도 못하고 쉬어야 했다. 피부는 터질 것처럼 부어서 며칠은 잠을 자기도 힘들었다. 수술이 끝난 후에도 내내 불안했다. 무리하게 지방을 빼낸

　　　　　　　　　　　몸과의 불화를 멈출 수 있을까?

허벅지의 피부는 종잇장처럼 얇아졌고 이상한 모양으로 주름이 파였다. 작은 일에도 문제가 생긴 건 아닐까 걱정됐다. 부작용이 생긴 건지 찾아보느라 밤새 눈이 벌개지도록 성형 어플을 들여다보다가 펑펑 우는 날도 있었다.

그러나 모순적이게도 지방흡입을 한 이후, 나는 예전보다 더 '건강해 보이는' 상태가 됐다. 사람들은 살이 많이 빠져 건강해 보인다며 나를 칭찬했다. 새삼스럽게 '건강'이라는 단어가 낯설게 느껴졌다. 지방흡입 수술을 한다고 단번에 완벽한 몸매가 되는 건 아니었다. 운동을 해야 불필요한 지방이 연소되고, 탄탄한 몸매와 체력을 위한 근육이 쌓인다. 지방흡입은 지방 연소를 한 방에 해결해주는 치트키였지만 다음 단계인 식단 조절과 운동은 내 몫이었다. 수술을 하고 난 후 건강에 나쁘기로 유명한 식욕억제제도 먹었다. 비만인 경우 식이장애를 갖고 있을 확률이 높다. 단순히 먹는 걸 좋아하고 많이 먹는 것을 넘어, 자신의 먹는 행위를 통제할 수 없는 것이다. 나 역시 스트레스를 받으면 배가 고프지 않은데도 음식을 욱여넣고 몇 시간 지나면 후회하는 일이 잦았다.

수술 이후 나는 몸에 대한 일종의 효능감을 경험했다.

지방흡입을 하고 식사를 조절하고 운동을 하면서, 내 몸을 내가 원하는 대로 통제할 수 있다는 감각이 생겼다. 그건 평생을 몸에 대한 수치심에 둘러싸여 살아온 나에게 낯선 감각이었다. 몸은 언제나 정신과 별개의 존재, 내가 통제하고 싶어도 통제할 수 없는 것, 내가 원하는 대로 따라주지 않는 대상이었다. 그러나 체중이 줄어들면서 물리적으로도 심리적으로도 신체의 가동 범위가 늘어났다. 움직일 수 있는 시간과 할 수 있는 운동이 늘어났고, '나는 뚱뚱하니까 못 해'라고 제한했던 행동의 범위도 넓어졌다. 땀 흘리고 운동하며 효능감을 느끼는 것도 살을 어느 정도 뺀 다음부터 가능했다. 내 몸을 내가 원하는 대로 바꿔나갈 수 있다는 데서 오는 자신감은 엄청났다. 가볼 생각조차 안 해봤던 클럽에도 가봤고, 백화점에 가서 옷을 입어보면서도 처음으로 수치심이 아닌 즐거움을 느꼈다. 언제나 참을 수 없이 무겁게만 느껴지던 몸이 가벼워졌다. 몸에 대한 걱정과 불만에서도 이전보다는 자유로워졌다.

하지만 지방흡입 수술과 식욕억제제를 추천한다는 말은 절대로 하지 못할 것 같다. 수술 이후 한동안은 즐거움을 느끼며 운동을 했지만 습관은 오래 가지 못했고, 시간

몸과의 불화를 멈출 수 있을까?

이 지나며 다시 살이 찌기 시작했다. 물론 수술 이전보다
는 날씬한 체형을 유지하고 있지만, 나는 여전히 밤마다
과자 한 봉지의 유혹에 시달리고 불어나는 뱃살과 팔뚝살
이 불만스럽다. 막연하게 괜찮을 거라고 생각했지만 식욕
억제제의 부작용도 찾아왔다. 식욕억제제는 중추신경을
흥분시켜 배고픔을 잊게 해주는 약이다. 가슴이 두근거리
고 잠이 오지 않는 건 그럭저럭 버틸 만했지만 머리가 팽
팽 돌아가는 증상은 견디기 힘들었다. 가만히 앉아 있어도
온갖 생각과 단어들이 전력질주하듯 지나갔고, 머릿속에
서 혼잣말처럼 누군가와 대화를 주고받는 느낌도 들었다.
나중에서야 이게 조증에 가까운 증상이라는 걸 알게 됐다.
심각성을 느껴 약을 중단했지만, 지금도 식욕이 너무 통제
가 안 되면 이래도 되는 걸까 고민하면서 약을 한 알 꺼내
먹는다.

성형에 대해서는 여전히 생각이 정리되지 않는 부분이
너무 많다. "과도한 성형은 지양해야 하지만 콤플렉스 개
선을 위해서라면 괜찮아!"라고 거리낌 없이 말하기에는
찜찜하다. 성형 산업은 여성들의 수치심과 불안을 자극한
다. 성형 어플에는 "언제까지 그런 몸으로 살 거야?" 같은

문구가 난무했다. 55 사이즈인 여자들이 44 사이즈가 되기 위해 수술대에 오르는 경우도 많았다. 우리나라에 성형외과는 정말 엄청나게 많았고, 성형을 하려고 하는 여자들도 나를 포함해 너무나 많았다. 강남에는 건물마다 성형외과가 대여섯 개씩 있었고, 그 많은 성형외과는 시간마다 예약이 꽉꽉 들어차 있었다. 그 수를 생각하면 토할 것 같기도 했다. 수술을 한 건 내 선택이었지만, 성형수술을 하는 사람 중 압도적으로 여자가, 그것도 20대 여성이 많다는 건 이게 단순히 개인의 자유로운 선택의 문제가 아니라는 방증이었다. 내 선택으로 수술대에 올랐으면서 나와 내 또래 저 여자들은 왜 이러고 있는 건지 억울하고 슬퍼서 눈물이 뚝뚝 흘렀다.

하지만 페미니스트라면서 성형을 하다니 모순적이라고 비난한다면 그것도 억울할 것 같다. 페미니즘 리부트 이후 사람들은 자신의 몸을 있는 그대로 사랑하는 바디 포지티브와 자아 효능감을 높여준다는 헬스, 격렬한 운동을 하고 근육을 가꾸는 여자들에 대해 이야기했다. 굉장히 멋지게 느껴졌고 나도 저렇게 되고 싶다고 생각했지만, 동시에 내 삶과는 너무 멀다는 느낌을 받았다. 바디 포지티브 담론이

몸과의 불화를 멈출 수 있을까?

제안하는 이미지, 건강하게 운동하는 여자의 모습 또한 내가 도달하기에는 먼 목표처럼 느껴졌다. 주름 하나 없이 매끈하고 날씬하고 '섹시한' 여성의 몸이든, 운동으로 다져진 단단하고 '건강한' 여성의 몸이든, 우리가 갖고 싶어 하는 몸의 이미지는 언제나 아름답고 이상적이다. 거기에 비하면 내 몸은 언제나 너무 살쪘거나 너무 흐물거리거나 너무 삐걱거렸다. 어떤 몸이든 도달해야 하는 이상향이라고 생각하는 순간, 지금의 불만족스러운 내 몸과 비교할 수밖에 없었다.

이게 나만의 고민은 아닐 거라고 확신한다. 함께 키보드 배틀을 뜨던 많은 페미니스트 친구들도 나처럼 성형과 시술과 다이어트에서 자유롭지 않다. 누가 묻지 않는 이상 굳이 말하진 않지만, 한번 이야기를 꺼내면 다들 기다렸다는 듯이 온갖 시술과 수술의 경험을 풀어놓는다. 나는 식욕억제제가 안 맞아서 삭센다 맞는 중이야. 강남에 어디 병원이 괜찮더라. 나는 인모드를 했는데 효과 좋았어. 나는 이번에 레이저리프팅을 했는데…….

나에게는 아름답지 못하다는 비난에 대한 수치심과 건강하게 기능하는 몸에 대한 갈망이 마구 섞여 있었다. 사람들은 '너무 외모에 신경을 안 쓰는 것 아니냐'는 은근한 압박을 가하지만 지방흡입과 보톡스, 피부과 시술을 주기적으로 하는 여자는 과하다고 생각한다. 나에게 성형의 힘을 빌려 살을 빼는 일은, 모순되는 두 비난 사이를 시계추처럼 오가는 과정이었다. 이 괴리를 어떻게 현명하게 소화할 수 있을지는 여전히 내게 숙제로 남아있다.

페미니즘 리부트의 주류 담론이 언제나 내 삶과 일치하는 것은 아니었다. 특히 외모와 꾸밈에 대한 담론은 가끔 정반대로 작용할 때도 있었다. 탈코르셋 담론이 젊은 여성들의 지지를 얻었을 때, 많은 이들은 과도한 꾸밈노동으로부터 해방된다는 데서 의미를 찾았다. 반면 나는 입고 싶은 것을 마음껏 입을 자유로도 받아들였다. 그러니까 탈코르셋이 누군가에게는 치마를 입지 않을 자유였다면, 나에게는 치마를 입을 자유이기도 했다는 의미다. 결과적으로 타인의 시선으로부터 해방되고자 하는 점에서는 같았지만, 거기까지 다다르는 과정은 조금 달랐다.

몸과의 불화를 멈출 수 있을까?

뚱뚱한 여자의 몸은 '정상적'이지 않았다. 정상적인 여자의 몸은 젊고 아름답고 날씬해야 했다. 드라마를 봐도 남자들은 마르거나 풍채가 좋은 몸 등 다양한 체형으로 등장했지만, 여자들은 아이부터 중년까지 모두가 이상적인 몸으로 보였다. 시어머니 역할의 배우조차 목주름 하나 없이 피부가 팽팽했다. 백화점 매장에 서 있는 마네킹 같은 몸 외에는 받아들여지지 않는 것만 같았다. 그래서 나는 내 몸이 부끄러웠고, 누군가에게 욕망 받지 못할 거라고 생각했으며, 규범에서 벗어난 '이상한' 것이라고 생각하게 됐다.

20대 중반 처음 가본 퀴어축제에서 나는 종아리까지 오는 긴 치마를 입었다. 맨살이 거의 보이지 않는 옷이었는데, 그것조차도 나에게는 엄청난 도전이었다. 누가 내 몸을 평가하거나 비웃지 않을 거라는 안전함이 전제된 후에야 긴 스커트를 입을 수 있을 정도로 몸에 대한 부끄러움과 혐오가 심했기 때문이다. 이날 내가 입은 치마의 의미는 '주체적 섹시'와 같은 비아냥으로 설명될 수 없었다. 나는 누군가에게 내 몸을 평가받지 않을 권리를 원하지만, 누군가에게 아름답게 보이고 싶은 욕망도 가지고 있다.

페미니즘 리부트 이후 내 몸을 이전만큼 부끄러워하지

는 않게 됐지만, 여전히 나는 몸이라는 껍데기와 불화하는 기분이었다. 퀴어축제가 열리는 날은 일 년 중 단 하루였고, 색색의 시청 광장에서 신호등 하나만 건너면 빽빽한 오피스 빌딩이 펼쳐졌다. 페미니스트 친구들과의 안전한 세계에서 평안함을 느끼는 순간에도, 여기서 조금만 벗어나면 우리를 이상하게 바라보고 언제든 평가할 준비가 돼 있는 정상성의 세계가 존재한다는 걸 완전히 잊어버릴 수 없었다. 이 안에서 영원히 살 수는 없었다. 그렇기 때문에 우리는 탈코르셋 담론 이후에도 계속해서 몸과 불화했던 게 아닐까. 아무리 외부의 시선을 덜어내려고 애써도 결국 사회와 완전히 유리되어 살 수는 없으니까.

지방흡입 수술과 체중 감량 이후 나는 누군가의 욕망의 대상이 되는 데서 오는 해방감과 즐거움도 체감했다. 내 안에 있던 욕망을 뒤늦게 자각한 것이다. 사실 그동안은 나의 몸 때문에 누군가에게 선택받지 못하거나 거부당할 거라는 두려움이 있었다. '번식탈락', 혹은 '왜 안 만나줘'로 대표되는 남성들에 대한 조롱이 완전히 웃기지만은 않았던 것도 이 때문이다.

친밀한 관계에 대한 욕망, 섹스에 대한 욕망은 남자뿐

몸과의 불화를 멈출 수 있을까?

아니라 여자들에게도 있다. 그리고 욕망하는 상대에게 내가 충분히 매력적으로 보이지 않을까 봐 불안한 마음 또한 생겨난다. 페미니스트 여성도 충분히 '페미니즘적이지 않은' 남성에게 욕망을 느끼고, 심지어 차이기도 한다.

큰 가슴과 엉덩이는 살을 빼고 나니 '글래머러스'한 몸매를 부각시켜주는 요인이 됐다. 가슴과 엉덩이, 허벅지 등 내 몸의 둥근 곡선들은 대부분의 순간 콤플렉스였다. 평평하고 마른 몸을 갈망하기도 했다. 그런데 십 몇 킬로그램을 덜어내니 어떤 사람들은 내 몸을 섹시하다며 좋아했다.

나에 대한 존중이 수반된다는 전제하에, 성적 대상이 된다는 건 무척이나 재밌는 일이었다. 우리가 구호처럼 반대했던 '성적 대상화'는 내 의사가 반영되지 않은, 일방적이고 폭력적인 시선을 의미했다. 그렇지 않고 내가 원하는 상황에서 원하는 상대에게 매력적으로 보이는 일은 나의 자존감을 높여주기도 했다. 역설적이게도 나는 '즐거운' 성적 대상화에 익숙해진 후에야 내 몸을 진정으로 좋아할 수 있게 됐다.

몸과의 불화는 여전히 나에게 너무 어려운 주제다. 나는 사랑하는 사람에게는 세상에서 가장 예쁜 여자였다가,

어느 순간에는 무척 못생긴 사람이 된다. 육감적인 몸과 그냥 울퉁불퉁한 몸은 종이 한 장 차이였다. 노브라 상태의 내 가슴은 축 처져 흉해 보이다가도, 매끈하고 예쁜 브래지어 안에서는 풍만하고 섹시해지기도 했다. 몸은 어떤 순간에는 나를 아름답고 기쁘게 만들어주고, 어떤 순간에는 자기혐오와 우울을 안겨주는 롤러코스터 같은 존재다. 그래도 변화하는 순간마다 몸과의 화해를 고민한 시간들이 내게는 소중한 경험으로 남았다.

앞으로 나는 또 내 몸을 미워할지도 모른다. 살이 찌고 빠지는 과정은 지겹도록 반복될 거고, 노화에 대한 공포도 느끼게 될 것이다. 그래도 끊임없이 내 몸을 미워하고 좋아하고 이해하려 노력했던 과거의 경험들이 내 안에 남아 있을 거라고 믿는다. 그래서 또다시 내 몸과 싸우는 날이 올 때, 그때는 나를 좀 덜 미워하고 더 잘 다투면서 괜찮은 방법을 찾아낼 수 있지 않을까 생각한다.

김소라

몸과의 불화를 멈출 수 있을까?

'여성적' 취미를 위한 변론

"취미가 뭐야?"

그 질문은 내게 오래도록 고역이었다. 나는 늘 무언가를 일정한 온도로 좋아하고 있는 사람이다. 하지만 취미가 뭐냐는 말에 좋아하는 것을 분명히 밝혀본 적은 거의 없다. 재미없는 사람으로 보일 것 같아서, 이런 것도 취미라고 말해도 될까 알 수가 없어서, 곧이곧대로 말하면 '너의 취미는 유치하고도 해로운 것'이라는 눈빛을 마주할 것 같아서. 다양한 이유로 솔직한 답을 피했다.

어릴 적부터 내 취미는 독서였다. 책을 읽는 게 좋아서 자주, 열심히 읽었다. 하지만 취미가 뭐냐는 질문에 독서라고 대답하는 청소년으로 자라진 않았다. 그리 매력적이지 않은 취미라고 생각했기 때문이다. 책상에 가만히 앉아 어른들이 쓴 지루한 글이나 읽는 단조롭고 착한 취미를 가진 단조로운 아이로 보이고 싶지는 않았다. '딸내미'가 감히 공부를 좋아하고 잘하는 것을 탐탁지 않아 했던 아버지의 영향도 있었을 것이다.

취미가 뭐냐는 질문 앞에 다시 선 것은 취준생 시절이었다. 처음으로 인턴기자 지원서를 쓰던 때였다. 여러 입사지원서에서 취미와 특기를 쓸 것을 요구했다. 취미란에 '독서'라고 쓸까 잠시 고민했지만, 나보다 몇 배는 많은 책을 읽었을 언론사 부장들이 날카로운 질문을 던질까 무서웠다. 다른 진짜 취미를 쓸 수도 없었다. '인터넷에서 여성혐오자들과 피 터지게 논쟁하기', '여성혐오적인 기사와 드라마를 보면서 친구들과 성차별주의자 욕하기' 같은 건 당연히 지원서에 쓰기에는 부적절해 보였다. 비어 있던 취미란은 제출기한 마지막 날에야 헐레벌떡 채워졌다.

합격 후에 알게 된 사실은 대부분의 사람들이 취미를 '전략적으로' 쓴다는 거였다. 취업시장에 뛰어든 지 얼마

'여성적' 취미를 위한 변론

안 된 나로서는 생각도 못 했던 부분이었다. 여자들 중엔 등산, 수영, 마라톤 등 운동 종목을 써낸 사람이 많았다. 일이 아무리 힘들어도 잘 해낼 체력이 있다는 점을 강조하기 위해서였을 것이다. '신문 읽기'가 아닌 '신문 사설 분석', '영화 보기'가 아닌 '영화 감상 후 토론' 같은 우아한 변주도 눈에 띄었다. 한껏 정제된 멋진 취미들 사이에서 내가 급하게 써냈던 취미는…… '노래방'이었다. 덕분에 인턴 마지막 날 회식에서 첫 번째로 마이크를 잡는 수모를 겪었다. 차라리 좀 재미없고 평범한 이미지가 되더라도 독서라고 썼어야 했는데.

어린 시절에 나를 포함한 여자애들은 미술 학원이나 피아노 학원을, 남자애들은 태권도 학원에 다니곤 했다. 요즘 어린이들은 어떤지 모르겠지만 내 또래 여성들이라면 비슷한 경험을 했을 것이다. 축구를 좋아하는 여자애, 뜨개질을 좋아하는 남자애는 대개 별종으로 취급됐다. 하지만 페미니즘은 이런 오래된 고정관념을 흩트렸고, 취미의 영역에서 성별 구분을 걷어내기 시작했다. 페미니즘 리부트를 계기로 여자들은 학창 시절에 마음껏 밟아보지 못한 운동장을 뛰어다녔고, 일상에 다채로운 취미를 추가할 수 있었다.

생각이 복잡해지는 것은 다음 단계부터다. 우리는 성별을 비롯한 모든 정체성과 무관하게, 하고 싶은 취미를 가질 수 있어야 한다. 여기까지는 오케이. 그렇다면 우리는 이제 새로운 가능성의 취미가 아닌, 우리에게 익숙했던 취미와는 결별해야 하는 것일까? 운동장을 달리기 시작했으니 피아노와 발레복 같은 것은 집어치워야 할까? '뭘 그렇게까지 해야 하나?', '좋아하던 취미라면 계속하면 되지 않나?'라고 생각할 이들이 많을 것 같다. 하지만 문제는 그렇게 간단하지 않다.

"취미가 뭐야?"라는 질문에 내가 내놓을 수 있는 솔직한 대답은 '아이돌 덕질하기', '무용하지만 귀여운 물건을 사기'다. 내 손으로 쓴 글자들인데 어딘가 어색하고 내 것 같지 않다. 이런 취미를 솔직하고 과감하게 말해본 기억이 드물기 때문이다. 독서가 재미없는 사람으로 보일까 봐 말하기 어려운 취미였다면, 아이돌과 귀여운 것을 사랑하는 건 유치하고 해로운 취미를 가진 사람으로 보이고 싶지

'여성적' 취미를 위한 변론

않아서 말하기 꺼렸던 취미다. 페미니즘을 알게 된 후 나는 익숙하고 소중한 나의 취미와 영영 결별해야 하는지를 끊임없이 스스로에게 물었다.

지난해 직장 동료의 결혼식에 참석했을 때였다. 식장에 가기 전 시간이 남아 근처 카페에서 동료들과 만나 이야기를 나누고 있었다. "너 이거 좀 과하지 않아?" 한 동료가 나의 소지품을 지적했다. 그가 문제 삼은 물건은 세 가지. 휴대폰 뒤에 붙은 캐릭터 그립톡, 동물 캐릭터 패치가 붙은 장갑, 카카오프렌즈 캐릭터가 달린 마스크 줄. 서른이 가까운 나이에 캐릭터를 주렁주렁 달고 다니는 게 '투 머치'가 아니냐는 얘기였다. 예상치 못한 지적에 나는 곧바로 "이거 다 선물 받은 거야!"라고 대답했다. (실제로 다 선물 받은 것들이긴 했다.) 동료는 더 말이 없었고, 나도 말을 더 얹지 않았다. 남은 아이스 아메리카노를 빠르게 마시고 다 같이 웃으며 결혼식장으로 향했다.

그 동료는 아마 지금쯤 나에게 그런 말을 했다는 사실조차 잊었겠지만, 나는 그의 말을 오래 되새김질했다. 비슷한 기분을 느끼게 했던 말들을 많이 접했기 때문이었다.

페미니즘이 젊은 여성들의 삶터와 일터 모두를 관통하

는 주요 키워드가 된 후에는 온라인에서도 개인적인 페미니즘 이야기를 쉽게 찾아볼 수 있었다. 페미니즘의 영향은 학업이나 노동 같은 공적인 영역에만 국한되지 않았다. 연애 이야기는 물론이고 친구와의 관계부터 취미 활동까지, 페미니즘의 잣대로 재해석할 수 있는 영역은 무궁무진했다. 페미니즘 리부트 이후, 페미니스트와 아이돌 팬이 모두 활발하게 사용하는 SNS인 트위터에서는 잊을 만하면 '여성적' 취미에 대한 비판이 제기돼 왔다. 그 비판의 핵심은 "어떤 취미는 기존의 여성성 개념을 고착화하는 일종의 '코르셋'이고, 여자들은 이제 그런 취미로부터 벗어나야 한다"는 것이다.

논의 테이블에 주로 오르는 취미들은 아이돌의 팬을 자처하며 케이팝 문화의 소비자 되기, 형형색색의 펜과 스티커를 사용해 다이어리 꾸미기, 예쁜 음료와 디저트를 먹으러 다니기 같은 것들이다. 이 취미들은 대개 눈에 보이는 아름다움을 사랑하고 추구한다는 점에서 여성혐오적 고정관념과 연결되기도 한다. 동시에 '여성적'이라는 딱지가 붙은 취미기 때문에 사회적으로 평가절하되기도 했다. 피규어를 사 모으는 성인 남성들이 '유아퇴행적'이라는 말로

'여성적' 취미를 위한 변론

비판받는 대신 '키덜트(어린이kid와 어른adult의 합성어)'라는 이름을 갖고 소비 트렌드의 하나로 조명되는 것과는 대조적이다. 돌봄노동처럼 여성의 일로 간주되는 직업의 임금이 낮은 것과 비슷한 맥락이라고 볼 수 있다.

여자들은 쓸모없고 비싸더라도 아름다운 것에 정신이 팔린다는 고정관념의 역사는 길다. 나처럼 '여성적' 취미를 향유하는 여자들의 존재는 이러한 편견을 뒷받침하는 증거가 되기 쉽다. 페미니즘 리부트 이후 화장품은 물론이고 남자 아이돌의 앨범이나 굿즈를 내다 버리는 모습을 인증하던 여자들은 이런 고정관념을 부수고 싶었을 것이다. 하지만 여전히 아이돌 앨범을 사재끼고 귀여운 인형과 스티커에 눈길이 가는 나는, 이런 이야기를 들을 때마다 페미니스트 정체성에 작은 균열이 생기는 기분을 느낀다. 어쩐지 부끄럽기도 하다. "좀 과하지 않냐"는 동료의 말에 "선물 받은 거야!"라는 변명 같은 대답이 반사적으로 나온 이유기도 하다.

'여성적' 취미에 대한 비판은 대부분 소비에 관한 이야기로 흘러간다. '예쁜' 취미를 향한 비판의 종착점은 대개 '그런 것에 돈을 쓰다니?'라는 경멸이다. 전형적인 여성성과 코르셋을 강화하는 유아퇴행적인 취미에 돈을 쓰다니. 어린 여자아이들에게 다 큰 성인 여성처럼 보이고 싶다는 해로운 욕망을 심어주는 케이팝 산업에 돈을 보태다니. 언젠가 범죄를 저지를 게 뻔한 남자 아이돌의 통장을 불려주다니. 여자들이 많이 찾아 '핑크택스'가 붙은 비싼 디저트를 사 먹다니. 비판은 나아가 '시간 낭비'라는 질책과 연결되기도 한다. 다이어리를 꾸밀 시간에, 아이돌을 쫓아다닐 시간에, 예쁜 카페에서 노닥거릴 시간에 더 가치 있는 다른 일을 할 수 있고 해야만 한다는 논리다.

"나도 한때 아이돌(혹은 소품샵이나 디저트)에 돈을 쏟아붓는 사람이었으나 그것들이 '코르셋'임을 깨닫고 그만두게 됐다"는 간증은 대개 이렇게 이어진다. "그 취미를 끊고 나서 나는 한 달에 100만 원을 추가로 모으게 됐다" "그 돈으로 주식 투자를 시작해서 꾸준한 수익을 내고 있다." 그리고 주로 이렇게 끝난다. "여자들아, 쓸데없는 취미에 돈 쓰지 말고 투자를 해. 너희가 그런 데 돈 쓸 때 남자들은 재테크 한다." 돈 낭비와 시간 낭비를 동시에 지적하는 명료한 말들이다.

2018년 3월 출간된 책 《피해와 가해의 페미니즘》에서 여성학자 정희진은 이렇게 썼다. "남성 중심 사회에서 여성의 경험은 전수되지 않고 여성의 역사는 삭제된다. 이 때문에 나를 비롯한 많은 여성이 처음 여성주의를 접할 때 "내가 처음 알았다!"라는 당황과 놀라움을 넘어 지나친 사명감을 품기 쉽다. 이 '지나친 사명감'과 열정이 신자유주의 시대의 자아 개념과 만나, 온라인 문화를 향유할 때 어떤 페미니즘이 등장할까."

취미에 몰두하는 대신 재테크를 하고, 여성적 취미를 향한 고정관념을 부수고 경제적 독립을 이루자는 말은, 어떤 여자들의 삶을 개선하는 데에는 분명 도움이 됐을지도 모른다. 다만 그러한 방향만이 정답이라는 주장은, 각자의 페미니즘이 뻗어나갈 수 있는 여러 경로를 단 하나로만 결정지어 말하는 것 같아 석연치 않다.

이들이 말하는 '비전'이 모두에게 유효한 것도 아니다. 소비를 통해 취미를 비판하는 이들이 제시하는 '더 나은 대안'은, 그 취미가 아니었더라면 아꼈을 돈으로 갈 수 있는 미래의 가장 희망적인 버전이기 때문이다. 그 돈을 아껴서 시드머니를 만들었더라면, 우량주에 일찌감치 투자했더라면, 주식과 코인과 부동산 시장의 플레이어로 참여했더라면 당신의 삶은 지금과 달랐을 거라고 하지만, 그건 말 그대로 가정에 불과하다. 귀여운 스티커나 휘황찬란한 아이돌 앨범에 쓰는 돈을 아끼더라도 그 돈이 반드시 시장을 통해 더욱 커질 거란 보장은 없다. 개인이 투자 영역에 가졌던 관심과 수익이 반드시 비례하지도 않는다. 애초에 그 불확실성이 자본주의 사회의 본질이기도 하다.

　나는 페미니즘이 유구하게 전해져 온 이분법과 위계를 흐리게 만드는 것이라고 생각한다. 여성과 남성, 정상과 비정상의 이분법을 자유롭게 넘나들고, 그 이분법 바깥의 목소리에 충분히 귀를 기울여 새로운 세상의 가능성을 발견하는 태도이자 가치관이 페미니즘의 본질이라고 믿는다. 그런데 어떤 사람들은 이쪽과 저쪽, 혹은 파란색과 분홍색을 고착화한 기존의 세상에서 벗어나고 싶지 않아 하는 것 같다. 취미에 위계와 서열을 매기고 어떤 것은 이상적인 것, 어떤 것은 저급한 것으로 나누려는 가치관은, 페미니즘이 없애려는 위계를 오히려 강화한다. 자본주의를

　　　　　　　　　'여성적' 취미를 위한 변론

통한 여성적 취미에 대한 비판은 선민의식의 경계를 아슬
하게 넘나든다.

　오늘날 젊은 페미니스트들이 활동하는 주 무대 중 하나
는 온라인이다. 같은 페미니스트에게 보내는 응원도, 혐오
자를 향한 비판도 SNS에서는 빠르게 확산한다. 온라인 공
론장은 극단적인 것이 더욱 빨리 알려질 수밖에 없기 때
문에 과한 논리와 주장이 탄생하기 좋은 토대가 되기도
한다. 온라인 자아마저 편집과 관리의 대상이 된 지금, '무
의미'하고 '전형적'인 취미를 가진 여성들은 너무나도 쉽
게 비난의 대상이 되는 것 같다. 나의 페미니즘만을 정답
이라 여기기보다는 다양한 가능성을 탐구하려는 시도가
우리에게는 더욱 필요하지 않을까?

그럼에도 여전히 '여성적' 취미를 즐기는 사람으로서 마음
에 걸리는 대목들이 있다. 특히 아이돌 산업에 돈을 쓰는
일이 그렇다. 아이돌을 사랑하기에 나는 성차별적인 한국
사회에서 여성 아이돌이 어떤 위험에 노출돼 있는지, 단순

히 노래와 춤 등의 퍼포먼스를 수행하는 차원을 넘어 어떤 감정노동에 종사하는지를 누구보다 잘 알고 있다. 이제는 아이돌이 되어 무대에 오르는 이들뿐 아니라 아이돌이 되고 싶은 10대 초·중반의 청소년들도 연습생 단계부터 평가라는 미명하에 폭언에 노출되고는 한다. 이 모든 일을 가능하게 하는 아이돌 산업, 케이팝 산업이 나의 소비에 힘입어 굴러가고 있다는 생각을 할 때면 죄책감이 든다.

하지만 아이돌 문화를 향유하는 사람들은 단일하거나 정적이지 않으며, 다양한 가능성을 꿈꾸고 시도한다. 케이팝을 '길티 플레저guilty pleasure'*로 여기는 많은 여자들이 공감했던 '슬픔의 케이팝 파티(슬케파)'는 케이팝을 소비하는 여성들의 페미니즘적 가능성을 보여준 사례다. 어린이와 청소년을 거쳐 성인이 되는 동안 다양한 케이팝을 들으면서 자랐지만, 케이팝의 반反페미니즘적 모습을 발견한 이들에게 케이팝은 마냥 즐거운 취미로만 남을 수 없었다. 케이팝이 '산업'이라는 이름이 어색하지 않게 성장하는 동안, 여성들은 주요 소비자였음에도 무용한 것에

---

* 어떤 일에 죄책감을 느끼면서도 좋아하는 것.

마음과 시간을 쏟는 '빠순이'로 폄하되기도 했다. '슬케파'에 모였던 이들은 케이팝이 자신의 학창 시절을 즐겁게 해줬지만, 페미니스트가 된 후로 죄책감을 느낀다는 모순을 부정하지 않고 오롯이 드러내며 여성 케이팝 소비자들을 향한 편견에 대항했다. '슬케파'에서는 범죄자가 포함된 그룹의 히트곡이 재생되지 않았고, '오빠 강남스타일'이라는 가사는 '오빠 쓰레기'로 변주됐다.[*]

앨범 판매량이 아이돌의 성과로 직결되는 케이팝 산업 구조에서 '친환경'을 요구하는 목소리도 있다. 팬들은 자신이 좋아하는 아이돌이 더 잘되기를 바라며 앨범을 수십, 수백 장씩 사들이곤 한다. 팬들은 당장 산업 구조를 바꾸지는 못하지만, 불필요한 앨범 생산과 폐기로 인한 환경오염을 조금이나마 줄일 방안을 엔터테인먼트 회사에 요구하고 있다. 이런 흐름은 국내 팬뿐만 아니라 전 세계 팬들의 요구사항이기도 하다. 상쾌하고 거리낌 없는 취미생활을 하고 싶은 여성들의 뚜렷한 의식이 반영된 현상이다. 케이팝 소비자의 상당수가 나처럼 젊은 여성이라는 점을

---

[*] 김지혜, 〈'나는 K팝 팬? 비판자?' 여성들의 '길티 플레저' 파티… '슬픔의 케이팝 파티' 가보니〉, 《한겨레》, 2019.5.14.

고려하면, 2015년의 페미니즘 리부트는 이제 공적인 영역을 넘어 취미라는 지극히 사적인 영역에서도 진보와 개선을 요구하는 흐름의 방아쇠를 당긴 셈이다.

굳이 거대한 말들을 빌리지 않더라도, 누군가가 보기에 유해할지도 모를 나의 취미들은 내가 더욱 넓은 사람이 될 수 있게 도와주기도 했다. 취미의 장점 중 하나는 취미가 아니었더라면 결코 접점이 없었을 사람을 만나게 해준다는 것이다. 나이도 사는 지역도 다른, 나와 아주 다르게 살아온 사람과 좋아하는 것을 공유하는 시간은 결코 무용하지 않았다. 우리는 다른 사람들이었지만 여성이라는 공통분모를 가졌기에 취미를 바라보는 태도에 대한 이야기도 자주 나눴다. 그 대화에도 페미니즘은 빠지지 않았다. 나와 비슷한 사회적 신분의 친구들과 페미니즘을 집중적으로 이야기했던 시간이 나를 빠르게 페미니스트로 키워냈다면, 취미생활을 하면서 만난 친구들과 함께 페미니즘의 주변부를 걷는 시간은 나를 더 넓은 페미니스트로 키워냈다.

물론 나도 언젠가는 지금의 취미를 후회하거나 영영 떠나게 될지도 모르겠다. 하지만 무용하고 해로운 것처럼 보

'여성적' 취미를 위한 변론

였던 취미를 즐겼던 시간만은 결코 사라지지 않을 것이다. 그 시간 동안 내가 느낀 충만한 행복과 극단의 짜릿함은 앞으로 어떤 형태의 인생을 살아가더라도 충분한 자양분이 될 것이다. 좋아하는 것을 조금 더 다채롭게 사유하며 좋아하고 싶은 마음에는 페미니즘이 함께할 것이라고 예감한다.

전은영

'정상에서 만나자'가 담지 못하는 것들

우연히 〈실버 취준생 분투기〉*라는 글을 읽었다. 65세 여성 이순자 씨가 3년 동안 일자리 전선에 뛰어들며 겪은 일을 적은 글이었다. 평생 종갓집에서 밥을 차리다가 황혼이혼을 하고 대학에 간 그는 62세에 늦깎이 취준생이 된다. 그러나 노년 여성에게 주어진 저임금 일자리에서 대학 학위와 온갖 자격증은 오버스펙일 뿐이다. 수건 공장부터 마트 청소, 어린이집 요리와 간병까지 임금은 적고 일은 힘

---

* 2021년 《매일신문》 시니어문학상 논픽션 부문 수상작. 2022년 이순자 씨의 유고 산문집 《예순 살, 나는 또 깨꽃이 되어》에 수록됐다.

든 몇 개의 직업을 거친다. 간병하는 남성 환자는 그를 추행하고, 아이를 돌보며 가사 도우미 일을 했던 집에서는 "박카스 파는 것보단 이 일이 낫지 않냐"는 모욕적인 말을 듣는다.

앉은 자리에서 허리 한번 펼 틈도 없이 글을 읽어내렸다. 글을 친구들과 공유하려고 단톡방에 들어갔더니 이미 5분 전 친구 한 명이 링크를 보낸 후였다. "나도 이거 보내려고 했어." "이 글 진짜 좋지?" "응. 좋은데, 너무 무섭다."

나에게 젊음은 너무 당연한 것이어서, 지금의 내가 가진 그럴듯한 기회들이 나이라는 특권을 기반으로 존재한다는 걸 한 번도 의식하지 못했다. 내가 지금과 같은 학력과 지식을 갖고 있더라도, 20대가 아닌 60대라면 지금처럼 안정적인 직업을 가질 수 있었을까? 어느 날 갑자기 30년이 훌쩍 흐른다면 나는 굶어죽지 않고 생존할 수 있을까? 지금까지 너무 당연하게 '나의 능력'이라고 생각해 우쭐했던 것들이 허물처럼 무너져 내렸다. 엄마에게도 이 글을 보여줬다. 안경을 찾아 쓰고 한참 동안 글을 읽던 엄마는 남의 일이 아닌 것 같다고, 무섭다고 했다.

며칠 후 다른 친구가 단톡방에 트위터 캡처 하나를 올

렸다. 이순자 씨의 글을 읽은 어떤 사람이 '이렇게 되지 않기 위해서 여자들이 지금부터 돈을 모아야 한다'고 말하고 있었다. 그렇게 말한 사람도 페미니스트라는 사실에 놀랐고, 어떤 모욕감마저 느껴졌다. 타인의 고단한 삶, 더 나아가 사회적으로 배제된 노년 여성의 삶을 자기계발의 동력을 얻기 위한 땔감으로 소비한다는 게 충격적이었다. 그는 여자들이 경제적으로 자립하기 위해서는 부동산과 주식 투자를 공부해야 한다고 강조하고 있었다.

나에게 이순자 씨의 삶은 계급과 나이, 젠더가 교차되는 지점에 있었다. 그의 글은 내게 이 사회 구조의 부조리를 느끼게 만들었다. 그런데 어떤 페미니스트는 여기서 사회가 아닌 개인의 자기계발이라는 결론을 이끌어냈다. 그와 나의 페미니즘은 어디서부터 갈라지게 되었을까?

메갈리아 이후 트위터를 중심으로 '정상에서 만나자', '야망보지'로 대표되는 성공 담론이 등장했다. 여성들이 능력을 키우고 돈을 많이 벌고 재테크를 공부하고 집을 사서

'정상에서 만나자'가 담지 못하는 것들

남성에게 기대지 않고도 살아갈 수 있는 기반을 마련하자는 이야기에 많은 여자들이 매료됐다. 이기적이고 합리적이며 취미 하나에도 '환금성'을 고려하는 남성들처럼 여자들도 악착같이 돈을 모으고 스펙을 키워 남성들의 자리를 빼앗자고 했다. 구체적인 '팁'도 공유됐다. 뭔가를 사고 싶을 때는 물건이 아닌 그 회사의 주식을 사라. 월급 외의 파이프라인을 늘려라. 소비를 최소화해라. 목표는 1인 여성이 거주하기 적합한 수도권의 1.5룸 아파트를 살 수 있는 시드머니 모으기. 비혼 여성 경제 스터디 모임이 만들어지기도 했다. 능력 있는 여자가 되자는 담론은 현실 정치로도 이어져 정당을 탄생시키기도 했다. 2020년 여성의 정치 세력화를 목적으로 여성의당이 창당되면서, 이부진 신라호텔 사장을 향해 후원을 요청한 슬로건도 화제가 됐다. 그동안 수많은 여자들이 애플망고빙수를 사 먹었으니, 여성을 주요 고객으로 둔 신라호텔이 1억 원을 후원해달라는 요구였다.

이런 담론을 지켜보며 내가 체득해온 페미니즘과는 결이 맞지 않는다는 생각이 계속해서 들었지만 이유를 명확하게 설명하기는 힘들었다. 열심히 살겠다는 개인을 비난하고 싶은 마음도 없었고, 그들이 원하는 돈과 권력을 사실 나도 무척이나 갖고 싶었다. 나도 수도권의 1.5룸 아파트 있으면 좋을 것 같아. 회사에 여자 임원이 있으면 힘이 좀 났겠지. 그러나 이순자 씨의 글에 대한 시각 차이를 느꼈을 때 내 생각은 명확해졌다. 야망보지 담론에는 계급과 계층에 대한 이해가 빠져 있었다.

야망보지 담론은 능력주의에 기댄다. 여성도 남성처럼 능력을 기르면 차별받지 않고 당당하게 살 수 있을 거라고 말한다. 그런데 능력과 차별, 어디서 많이 들어본 말 아닌가? 메르스갤러리가 막 태동하던 시절, 한국이 OECD에서 성별 임금 격차가 가장 높다는 말에 남성들은 이렇게 반박했다. "여혐은 무슨 여혐이냐? 기업은 일만 잘하면 원숭이도 뽑는다!" 여성들이 월급을 덜 받는 현실은 차별이 아니라 여성이 남성보다 능력이 부족하기 때문에 벌어진 '공정한 결과'라는 거였다.

능력주의와 가부장제의 공통점은 권력에 대한 맹신이다. 가부장제는 돈을 벌어오는 남성에게 권력을 부여했다. 어머니와 아버지가 모두 돈을 벌었다고 해도 남자가 '가장'이라는 환상이 가부장제를 기능하게 했다. 능력주의도

'정상에서 만나자'가 담지 못하는 것들

마찬가지다. 누군가 사회에서 성공하기 위해서는 그의 능력이나 노력뿐만 아니라 계급, 성별, 학력, 인맥 등 다양한 사회적 조건이 작용한다. 하지만 능력주의를 신봉하는 이들은 오로지 그 사람의 능력이 성공을 만들었다고 믿으며 승자독식을 정당화한다. 성차별은 존재하지 않는다고 주장하는 이들의 기본적인 생각이 바로 여기서 출발한다.

정상에서 만나자고 외치면, 우리는 정상에서 만날 수 있을까? 자기계발이 무의미하다는 얘기는 아니다. 래디컬 페미니스트들은 덕분에 공부를 하고 능력을 키웠으니 야망보지 담론이 유의미하다고, 철 지난 신자유주의 담론으로 취급하지 말라고 말한다. 분명히 어느 정도는 의미가 있다. 한정된 자원을 가진 여자들이 흩어져 각자의 자리에서 자기계발에 몰두하면 개인의 삶은 아주 조금 여유로워질지도 모른다. 토익 점수를 높이고, 더 나은 회사로 이직을 하고, 더 빨리 승진할 수 있을지도 모른다.

그러나 내 삶이 좀 더 나아진다고 해서 사회에 존재하는 가부장제와 능력주의, 자본주의의 구조에서 자유로워질 수는 없다. 여자인 내가 아무리 일을 잘해도 회사의 공고한 마초 문화를 깨기는 힘들고, 연봉을 높이고 부지런히

저축을 해도 평균 가격이 12억 원이라는 서울의 집을 살 수는 없다. 직급이 높아지고 월급이 늘어도 매일같이 등장하는 여성 대상 폭력 사건을 볼 때면 공포감이 든다. 페미니스트를 조롱하는 남초 사이트의 글이 인기를 얻는 한, 더 나은 직장으로 이직을 하더라도 나는 언제나 옆자리의 남성 동료가 성차별주의자는 아닐까 걱정해야 한다. 여성혐오와 자본주의의 불평등은 개인의 노력으로 극복할 수 있는 종류의 문제가 아니다. 모든 사람이 똑같은 능력을 지니고 태어나는 것도 아니고, 같은 노력을 해도 처한 환경에 따라 다른 결과를 얻기도 한다. 현실의 책임을 개인에게 돌리고 자기계발에 몰두할수록 사회는 파편화되고 문제 해결은 더 어려워질 가능성이 높다.

개인이 아무리 스펙을 쌓고 승진 경쟁에 몰두해도, 능력주의와 가부장제가 유지되는 사회에서 여성이 '정상'을 찍을 수 없다고 생각한다. 로또 같은 확률로 여성 임원이 탄생한다고 해도, 그가 모든 여성의 삶의 질 향상을 담보하지는 않는다. 놀랍게도 1990년대에도 '예전처럼 살 수만은 없다', '여자들이여, 야망을 가져라' 류의 담론이 유행했다. 그때도 최초의 여성 임원, 첫 여자 연구원 등이 탄생

　　　　　　　'정상에서 만나자'가 담지 못하는 것들

했지만 우리는 여전히 성차별과 성폭력을 겪어야 했다. 앞 세대 여성들이 페미니즘을 몰라서, 야망이 없어서 권력을 못 가진 게 아니었다는 의미다.

최근 능력주의에 세트처럼 따라붙었던 것은 '투자'라는 신화다. 특히 코로나19 이후 몇 년간 사람들은 주식 투자에 열광했다. 명문대에 가고 대기업에 들어가도 중산층이 될 수 없는 사회에서, 주식과 코인은 계급의 사다리를 오르기 위한 새로운 방법으로 부상했다. 노동 소득과 저축으로는 내 집 마련이 요원하기 때문에 투자를 안 하고 살 수는 없다는 말도 일면 타당해 보였다.

누군가가 몇 퍼센트의 수익을 냈다는 말을 들으면 '벼락 거지'가 된 것 같고, 나는 뭐하고 있는 건지 조바심이 들기도 했다. 그런데 난 주변에 좀 묻고 싶었다. 다들 주식이니 코인이니 영끌이니 난리인데, 그래서 20대 여러분 돈 좀 버셨나요? 저는 경제지 기자인데요. 재무제표니 뭐니 깔짝댈 줄도 아는데요. 제 수익률은 마이너스 50퍼센트랍니다!

주식이 모두를 부자로 만들어주는 마법도 아닌데 온 나라가 당장이라도 주식을 하지 않으면 큰일 날 것처럼 등을 떠미는 걸 이해하기 어려웠다. 개미들이 주식에 뛰어들면 모두 부자가 될 수 있을까? 투자가 사회 전체의 부를 늘리는 로켓에 탑승하는 일인가? 그렇다면 그야말로 사회주의 사회 아닌가? 변동성이 높은 시장에서 돈을 번다는 사람도 있지만, 주식에 대한 정확한 이해 없이 지금 안 하면 뒤처져서 낙오될 것 같은 불안감에 발을 들인 사람도 꽤 많다.

코로나19 발발 직후 코스피와 나스닥 모두 엄청나게 상승하는 인플레이션을 겪었다. 보기 드문 호황이었지만 이런 시장에서도 모두가 돈을 벌지는 않았다. 아니, 오히려 돈을 잃은 사람이 더 많았다. 자본시장연구원에 따르면 2020년 말 주가는 신규 투자자들이 대거 유입된 그해 3월과 비교해 60퍼센트 이상 상승했지만, 전체 투자자의 약 46퍼센트가 투자 손실을 기록했다. 신규 투자자 중에서는 62퍼센트가 손실을 입었다. 모두가 돈을 벌기 위해 주식시장에 뛰어들었지만, 사실은 번 사람보다 잃은 사람이 더 많았다는 얘기다. 다들 벼락처럼 번 사람에 대해서만 얘기하고 잃은 사람에 대해서는 말하지 않는다. 개인이 주식을

'정상에서 만나자'가 담지 못하는 것들

열심히 해서 계급적 불합리성을 극복하고 부자가 될 수 있다는 건 잘못된 환상이다.

2022년 대선 후보들의 공약을 보며 나의 분노는 폭발했다. 유력 대선 후보 두 명은 모두 주식과 코인 투자의 과세 여부가 마치 청년 정책의 핵심인 것처럼 다뤘다. 이제 주식과 코인 같은 자본시장에 대한 정책은 그 안의 불공정을 개선하는 수준을 넘어 일자리나 복지에 버금가는 핵심적 분배 정책을 상징하게 됐다. 계층 이동의 사다리가 없는 상황에서 코인과 같은 위험 자산으로의 진입이 이들의 유일한 사다리라는 논리였다.

그런데 전체 20대 청년 중에 코인 투자를 하는 사람이 몇 퍼센트나 될까? 그리고 거기서 세금을 낼 만큼 돈을 번 사람은 또 얼마나 될까? 차익 5000만 원부터 부과하는 주식 양도소득세 폐지 여부를 두고 여야 후보가 입장을 달리하며 '부자 감세'네 '이중 과세'네 싸웠지만, 사실 주식 투자로 이만한 소득을 거두는 사람은 흔치 않다. 2020년 기획재정부 발표에 따르면 상위 15만 명의 투자자만이 한 해 5000만 원 이상 주식 차익을 거둔다. 연간 5000만 원 이상을 벌기 위해서는, 수익률을 10퍼센트로만 가정해도 시드머니 5억 원이 필요하다. 고수익을 거둔 이들에게 양도소득세를 면제하는 방안은 계층 이동을 가능케 하는 게 아니라 계층을 고착시킬 가능성이 높다. 그럼에도 다들 '언젠가는 나도 큰돈을 버는 날이 올 것'이라 믿으며 국가가 투자를 통한 자산 형성을 방해하면 안 된다며 목소리를 높였다. 대선 청년 정책에서도 (주로) 20대 고소득 남성의 얼굴을 한 '코인러'들의 이야기만 과대대표됐고, 국가는 소득과 계층 향상에 대한 고민과 의무를 고작 코인 감세 따위에 떠넘겨버렸다. 주식과 코인에 돈을 잃은 이들조차 여전히 자신의 계급과 동떨어진 담론을 지지하는 건 자본시장을 통해 중산층으로 뛰어오를 수 있다는 신화가 우리를 지배하기 때문이다.

그리고 영원할 것 같았던 활황은 몇 개월간 하락장이 이어지며 산산이 부서졌다. 2022년 초, 그동안 맹렬하게 올랐던 주가와 코인이 하락하면서 전 국민이 투자에 열광하던 분위기는 급속도로 식었다. 외제차를 몰며 돈 자랑을 하던 유튜버들은 이제 코인으로 인한 억대의 손해를 인증했다. 주식 열풍을 의심하고 거리를 두다가 결국 끝물에 '지금 안 사면 영원히 못 살 것 같다'는 심정으로 미국 주식을 '풀매수'했던 나 역시 엄청난 손해를 봤다. 그동안 열심히 일해서 번 돈이 사라지는 걸 지켜보며 몇 달은 잠도 제대로 자지 못했다. 잘 알지도 못하면서 분위기에 휩쓸려 투자에 뛰어든 결과는 뼈아팠다.

투자는 개인의 책임이라지만, 그 개인들이 투자를 하지 않으면 못 견디도록 불안감을 조성했던 수많은 가짜 전문가들은 다 어디로 숨어버린 걸까? 주식 계좌도 없던 우리 엄마도 동네 아저씨들도 모두 공모주 청약에 나설 만큼 투심을 불태웠지만, 그 불이 꺼진 지금 계좌에는 마이너스만 남았다. 투자에 대한 신화가 고작 반년 만에 깨질 정도로 빈약한 것이었다는 사실이 허무했다. 능력주의와 투자, 코인, 부동산이 정말로 우리 모두를 행복하게 해주는 유일한 길이 맞는지, 자신만만한 얼굴로 우리의 등을 떠밀던 사람들을 붙잡고 묻고 싶다.

능력주의를 신봉하는 20대 남성들을 보며 불쾌감과 동시에 느낀 감정은 불쌍함이었다. 자기보다 강한 이들에게

는 형님이라며 '대가리를 박고', 출근길 지하철에서 코인 투자 유튜버를 보며 한탕을 꿈꾸는 남자들. (하버드 출신, 보수 정당 당대표, 코인으로 큰 돈을 번) 이준석으로 대표되는 능력 있는(?) 남자들에게 자아를 의탁하며 자신도 이 판에서 주식과 코인, 부동산으로 상위를 점해 부를 가져갈 수 있을 거라 확신하는 '이대남'들은 신기하고 무섭고, 어딘가 속고 있는 것 같았다. 야망보지 담론을 맹신하는 이들에게 느끼는 감정도 비슷한 것 같다. 야망 좋고 주식 좋고 아파트 청약 좋지. 근데 우리 그거 해서 정말 부자 될 수 있는 거 맞아?

피라미드 모양의 신자유주의 구조에서 레벨업을 하기 위해서는 필연적으로 누군가의 위에 올라서야 한다. 이런 방식의 야망은 현실적으로 성취하기 어렵기도 하지만 내가 정말 원하는 것도 아니었다. 내가 원하는 건 가부장제와 신자유주의의 구조를 무너뜨리는 구조 밖의 새로운 담론이었다. 존재하는 권력을 두고 내가 갖냐, 네가 갖냐 싸우는 게 아니라 권력에 굴종해야 하는 구조를 바꾸고 싶었다. 페미니스트가 된 것도 페미니즘이 양자택일의 세계가 아닌 다른 세상을 상상하게 했기 때문이다.

'정상에서 만나자'가 담지 못하는 것들

페미니즘은 권력을 빼앗는 게 아니라 부수는 것이어야 한다고 믿는다. 우리가 줄기차게 싸워왔던 외모 평가를 예시로 들어 이야기해볼 수 있겠다. 외모를 평가할 수 있는 것은 권력이다. 남성들은 당연한 권리인 양 여성들을 머리부터 발끝까지 세세하게 평가해왔다. 그렇기에 미러링으로 남자들의 외모를 조롱하는 건 어떤 시점에서는 분명 의미가 있었다. 태어나서 한 번도 이렇게 부위별로 조각조각 평가받는 모욕을 느껴본 적 없던 남성들에게 우리가 매번 느꼈던 그 불쾌함을 경험할 수 있게 해줬기 때문이다. 그런데, 우리가 원하는 게 모두가 외모 평가를 두려워하며 끊임없이 자기관리를 하는 외모지상주의 사회였을까? 내 남동생도 비정상적인 근육질 몸을 갈망하면서 '먹토'를 하는 게 내가 바라는 것일까? 그건 아니었다. 우리가 원한 건 더 이상 남의 외모를 평가하지 않는 사회였다. 타인의 외모를 평가하는 그 구조를 깨자는 거였다.

〈실버 취준생 분투기〉를 읽고 내가 자기계발의 의지를 다지기보다는 공포를 느꼈던 이유는, 이 사회의 견고한 구조를 실감했기 때문이다. 계급, 성별, 빈곤의 문제는 복합적으로 다가와 개인을 무력하게 만든다. 독자생존으로 살아남기에 자본주의는 그렇게 호락호락하지 않다. 나는 여성들이 분절되어 각자 삶에서 평안을 추구하는 것 말고 제도 안에서 뭉치는 방법을 같이 고민했으면 좋겠다. 야망과 생존을 외치는 에너지를 조금만 틀어서 사회 안에서 함께 바꿀 수 있는 것을 찾았으면 좋겠다. 피라미드 꼭대기로 달려가기보다는 피라미드를 부수는 것이, 빠르고 확실하게 우리의 삶을 나아지게 만들 방법일 거라고 믿기 때문이다.

김소라

4장

그래도

세상은 바뀝니다

우리는 역사의 한가운데 있는지도 몰라

2015년, 한 지상파 방송국에서 아르바이트를 한 적 있다. 제보 전화를 받아 내용을 정리해 기자들에게 전달하고, 뉴스를 만들기 위한 인터뷰 영상의 스크립트를 작성하는 일이었다. 크게 뉴스 가치가 없는 내용이 대부분이었지만 간혹 느낌이 다른 경우도 있었다.

의학전문대학원에 다니는 한 여성이 보낸 제보였다. 같은 학교에 다니는 전 남자친구가 '전화를 싸가지 없게 받았다'는 이유로 찾아와 폭행을 가했다. 밤새 이어진 폭행으로 피해자는 갈비뼈 두 대가 부러졌다. 검찰은 징역을 구형했지만, 법원은 "실형을 받으면 학교에서 제적될 위험이 있다"며 벌금형으로 형량을 낮췄다. 가해자는 멀쩡하게 학교에 복귀했고, 피해자는 가해자와 마주치지 않게 해달라고 학교에 요청했지만 받아들여지지 않았다. 대법원 판결이 나오기 전까지 연인 사이 일에 개입하지 않겠다는 게 이유였다.

나는 이 내용을 기자에게 전달했고, 곧이어 메일로 4시간이 넘는 녹음 파일을 하나 받았다. 반복되는 폭력에 증거를 남겨야겠다는 생각으로 녹음기를 켜뒀던 피해자가 폭행을 당하는 내용이 담긴 녹취였다. 뉴스를 만들기 위해서는 자료화면이 필요했고, 편집할 부분을 찾기 위해 긴 녹음 파일을 시간대별로 쪼개 스크립트를 작성해야 했다. 이어폰을 끼고 재생 버튼을 누르는 순간 어깻죽지가 딱딱하게 굳었다. "드디어 죽여버릴 수 있어 속이 시원하다"는 말과 구타하는 소리, 살려달라는 피해자의 울음소리를 타이핑하면서, 같이 일하던 친구도 나도 줄줄 울었다. 며칠 동안 잠을 못 이뤘다.

8시 뉴스에 이 사건이 보도된 이후 수백 개의 기사가 쏟아져 나왔고, 교육부도 실태 조사에 나섰다. 여론에 부담을 느낀 학교는 가해자를 제적시켰다. 피해자가 반년이 넘게 학교에 수업시간 분리 등을 요청했을 때는 받아들여지지 않았지만, 방송이 나간 후 이틀 만에 제적 절차가 완료됐다. 피해자는 학교로 돌아갈 수 있었다. 이후 다른 방송사에서도 데이트폭력에 대한 보도가 쏟아졌다.

'데이트폭력'이라는 단어는 2005년부터 국내 언론에 등장했고, 십여 년이 지난 2015년에야 본격적으로 사회의 주요 의제가 됐다. 처음에는 한국성폭력상담센터와 여성의전화 등 여성단체들이 상담 사례를 언어화하는 과정에서 데이트폭력의 정의를 차용하기 시작했다. 하지만 데이트폭력을 대하는 사회의 온도는 지금과 현저하게 달랐다. 2006년 신문 기사에서는 자칭 '데이트 코치'의 말을 빌려 남자친구가 폭력을 쓰더라도 "정이 있으니 한 번의 실수만으로 교제를 끝내는 건 성급하다"고 조언한다.*

의학전문대학원 데이트폭력 가해자가 제적된 후, 가해자의 동기들은 단톡방에서 '폭력은 잘못이지만 한때 사랑했던 사이인데 인생을 망치다니 너무하다', '맞을 짓을 한

---

* 문혜정, 〈출동! 데이트 코치: 술만 먹으면 돌변하는 남친〉, 《한국경제신문》, 2006.4.8.

여자도 책임이 있다'는 대화를 나눴다. 기사 댓글에는 '여자가 맞을 짓을 했을 것', '여자가 평소에 어떻게 했으면'이라는 내용도 많았다. 그걸 보고 분노한 다른 기자는 피해자에게 가해지는 비난을 주제로 또 다른 기사를 작성하기도 했다. '2차 가해'라는 개념이 언론에 제대로 등장하지도 않았던 때다.

2006년과 2015년, 2022년의 분위기는 점차적으로 그러나 분명히 달라졌다. 과거에는 '기삿거리가 안 된다'고 판단했을 사건들도 데이트폭력이 사회적 문제가 되면서 대서특필됐다. 예전에는 사랑싸움이라며 넘어가던 일들이 이제는 명백한 폭력으로 인정받는다. 지금은 이런 사건을 두고 피해자를 탓하는 반응이 이전보다 훨씬 줄었다. 언론에서 반복적으로 다뤄지고 의제화되면서 '문명인'이라면 이렇게 행동해서는 안 된다는 최소한의 기준이 생겼기 때문이다. 싸우는 그 순간에는 너무나 답답하고 세상이 영영 바뀌지 않을 것처럼 느껴지지만, 한 걸음 물러서 보면 분명히 사회는 빠르게 바뀌고 있다. 그리고 우리는 그 변화의 소용돌이 속에서 나름대로 각자 고군분투하며 역사를 바꾸는 데 일조하고 있다.

여성들에 의해 재조명된 문제는 데이트폭력뿐만이 아니다. 불법촬영, 단톡방 성희롱, N번방 등 사이버 성범죄도 여성들의 목소리를 통해 수면 위로 드러났다. 메갈리아의 등장과 맞물려 '각성'한 여자들의 분노를 땔감으로 페미니즘 의제는 활활 타올랐다. 2015년까지만 하더라도 포르노 사이트에서는 '한국 화장실 몰카'를 검색할 수 있었고, 연인 사이의 성관계를 찍어 유포한 '국산 야동'도 흔했다. 피해자가 있는 범죄 행위라는 인식이 아예 없었다. 심지어 'OO 닮은 OO대 OO학번 유출', '자살한 OO녀 유작' 같은 제목이 달린 영상들이 웹하드에 버젓이 올라와 있었다.

　개인의 일탈이라고 치부됐던 행동에 불법촬영과 성폭력이라는 이름이 붙고 나서야 사회는 이를 공적인 범죄로 받아들였다. 남자들만 모인 단톡방에서 여자 동기들에게 등급을 매기고 성희롱하는 문화가 처음 고발됐을 때만 해도 '남자들끼리 이런 음담패설을 할 수도 있다'는 용인, 사적인 대화를 까발리는 사생활 침해라는 반응이 더 많았다. 그러나 자고 일어나면 매일 다른 학교, 다른 과를 고발하는 대자보가 올라왔다. 몇몇 학교의 사례는 저녁 뉴스에 크게 보도되기도 했다. 징계위원회가 열렸고 가해자들의 언행이 사람들의 입방아에 오르내렸다. 그러자 사람들은 이런 행동이 문제가 된다는 사실을 학습했다. 이제 남성들은 고발당할지도 모른다는 공포감 때문이라도 대놓고 누군가를 품평하지는 않게 됐다.

이 모든 과정 속에서 여성은 여성을 도왔다. 2015년 '워터파크 불법촬영 사건'에서는 피해자가 용기를 낸 덕분에 범인이 검거됐다. 해외 사이트를 통해 퍼져나간 워터파크 탈의실 불법촬영 영상에서 자신의 모습을 발견한 피해자가 방문 날짜를 제보하면서 수사가 급물살을 탔다. 언론사의 여성 기자들은 'OO녀'라는 단어를 쓰지 말자고 줄기차게 싸웠다. 나와 같은 페미니스트들은 기사에 댓글을 달고 링크를 공유하며 '화력 지원'에 나섰다.

한때 우리의 정서를 지배했던 '김치녀', '된장녀'라는 말도 지금은 수명을 다했다. 내가 대학에 입학하던 즈음 김치녀, 된장녀 소리는 무적의 무기였다. 커피 한 잔을 사 마셔도 된장녀라고 손가락질을 당했고, 여성들은 사치스러운 사람으로 보이지 않기 위해 몇 겹의 자기검열을 거쳐야 했다. 여대는 김치녀들이 다니는 곳이라는 이상한 말에 모두가 반박하지 않고 웃었다. 외모 평가도 마찬가지다. 메갈리아가 등장하기 전만 해도 남성들은 아무렇지 않게 여성의 화장과 옷차림, 몸매에 대해 평가했다. '여자의 쌩얼은 예의가 아니다', '60킬로그램이 넘으면 여자가 아니다', '화장을 지운 여자친구를 못 알아봤습니다' 같은 얘기들이 유머로 소비됐다.

수년간 젊은 여자들의 행동범위를 좁히던 이런 말들은 '메갈'들의 맹렬한 공격 끝에 효용을 다했다. 이제는 제아무리 은은한 여성혐오를 지닌 남성일지라도 학교나 직장에서 대놓고 이런 말을 할 수는 없다. '김치녀' 소리를 꺼내거나 "김 대리, 살쪘어?"라는 말을 입 밖으로 내는 순간 이상한 사람이 되기 때문이다. 언어와 사고는 끊임없이 상호작용한다. 이런 말을 하지 않는 분위기가 만들어지면서, 악의는 없지만 생각도 없었던 수많은 남성들은 자연스럽게 더 나은 평균 상식을 학습한다. 물론 2012년의 '김치녀'는 2017년의 '메갈'로, 2022년의 '퐁퐁론'으로 끊임없이 재탄생하고 있지만, 존재 자체로 커다란 억압을 만들어내던 단어들에 사망 선고를 내리게 된 건 분명히 하나의 승리다.

페미니스트로 정체화한 후 보낸 2010년대 후반은 나에게 세상이 바뀌기는 한다는 효능감을 느끼게 해준 시기였다. 사회는 단단한 바위처럼 절대 바뀌지 않을 것 같다가도, 어떤 순간에는 우리가 기대했던 것보다 훨씬 더 많이 성큼 전진하기도 했다. 그리고 한번 전진한 후에는 다시 후퇴하기 어려웠다.

여성들끼리의 협력 혹은 평화가 유토피아처럼 이상적이었던 건 아니었다. 모두를 한마음으로 뭉치게 했던 페미니즘 리부트가 지나간 후, 동지인 줄 알았던 페미니스트들 사이에서도 사안마다 의견이 갈리고 서로를 비난하는 일이 생겼다. 나는 여대에 다녔고, 학교 커뮤니티 사이트에서 페미니즘에 대한 논의가 활발하게 벌어지는 것을 봤다. 그 안에서 페미니스트들은 이른바 '쓰까'와 '랟펨'으로 나뉘었다. 게이들이 사용하는 여성혐오적 언어를 고발하는 과정에서, 한쪽에서는 문제를 지적하되 그들의 소수자성을 공격하는 표현은 피해야 한다고 주장했다. 그러나 다른 한쪽에서는 우리가 당한 것과 똑같이 미러링으로 되갚

아줘야 한다고 말했다. '똥꼬충' 같은 단어를 쓸 것이냐 말 것이냐가 어떤 계파를 나누는 기준이 됐다. 워마드와 터프 TERF, Trans-Exclusionary Radical Feminism, 래디컬 페미니스트라 는 조류가 등장하면서 우리의 페미니즘은 여러 갈래의 신 념과 실천으로 나뉘었다.

하지만 페미니즘 리부트 이전보다 이후가 백 배 낫다는 건 명백한 사실이다. 내가 부당한 일을 당하면 저쪽에 있 는 그들도 '화력 지원'을 해줄 거라는 정도의 신뢰는 있다. 나 같은 '쓰까페미'든 저편의 '랟펨'이든 단톡방 성희롱이 나 불법촬영, 직장 내 성폭력 문제에는 같은 목소리를 내 줄 거라는 믿음이다.

2018년, 내가 다니던 학교 안에서 교수들의 성폭력을 규탄하는 포스트잇 시위가 벌어진 적이 있었다. 관현악과 S 교수는 지도를 한다며 학생들의 신체를 더듬었다. 조소 과 K 교수는 엠티와 전시회 뒤풀이에서 학생들을 성추행 했다. 각 학과 학생들은 비상대책위원회를 꾸려 기자회견 을 열고 학교에 공식적인 항의를 전달했다. 나도 커뮤니티 에서 그 소식을 보고 분노했지만, 직접 아는 사람도 아닌 데 괜히 나서는 게 이상할 것 같아 눈치만 봤다.

그러던 중 누군가가 사퇴하지 않고 버티는 뻔뻔한 교수들의 사무실 앞에 포스트잇을 붙이자는 아이디어를 냈다. 그동안 고민만 하던 나도 이 정도의 익명 시위에는 참여할 수 있겠다 싶었다. 처음 들어가본 음대 건물에는 나처럼 모자를 푹 눌러쓰고 혼자 온 학생들도 몇몇 있었다. 복도에서 건네받은 포스트잇에 사퇴하라는 말을 유성매직으로 몇 장 쓰고 도망치듯 건물을 나왔다.

"어린 여자들은 영원히 어리지 않다. 강력한 여성으로 변해 당신의 세계를 박살내러 돌아온다." 그날 봤던 포스트잇 중 가장 가슴에 남았던 문구다. 미국의 여자 체조 국가대표 선수 주치의였던 남의사가 어린 선수들에게 상습적으로 성폭력을 행해왔던 사실을 고발하며, 피해자 중 한 명이었던 카일 스티븐스Kyle Stephens가 했던 말이라고 했다. 교수와 학생이라는 위계 관계에서 부당한 성폭력을 당한 여자들이, 또래 여자들의 분노를 등에 업고 교수에게 '사퇴하라'는 요구를 하는 게 당연하다고 생각하면서도 가슴이 벅차올랐다.

그때도 커뮤니티 안에서는 '래디컬', '쓰까'로 나뉘어 박터지게 싸울 때였다. 서로를 '한남'보다 더 물어뜯기도 했지만, 그래도 이런 사건이 있으면 다 같이 달려가서 포스트잇을 붙였다. 조직된 단체처럼 일사분란하게 움직이지는 못해도, 여대라는 공동체에 대한 애정과 소속감을 마음 한켠에 공유하고 있는 사람들이 자발적으로 할 수 있었던 최소한의 연대였다고 생각한다. 이런 장면을 보면서 나는 어떤 안도감 같은 걸 느꼈다. 우리가 지금 이렇게 의견이 나뉘고 서로를 미워해도, 영영 등을 돌리지는 않을 거라는 막연한 확신이었다. 그러니까 여성으로서 내가 겪은 어떤 경험들은, 크게 싸우고 갈라선 여성 친구가 절친한 남성 친구보다 더 정확하게 이해할 수 있다는 거다.

지금도 그렇게 생각한다. 페미니스트들 사이에서도 의견은 갈린다. 가끔은 나와 다른 의견을 가진 페미니스트를 도저히 이해할 수 없을 때가 있다. 이전에는 노선이 다른 페미니스트와 대화하며 밤을 새워 싸우고 마음 깊이 상처를 받는 일도 있었지만, 직장인이 된 이후에는 그렇게 공을 들여 서로를 납득시킬 시간적 여유도 없어졌다. 그래도 그들과 나는 '여성혐오에 반대한다'는 가장 당연하고 본질적인 공감대를 공유하고 있다. 우리는 조각조각 파편화된 개인에서 페미니스트로 뭉치는 경험을 해봤고, 페미니즘의 역사에 남을 몇 개의 사건들을 함께 건넜다. 여대라는 구심점 하나로 누구인지 모르는 피해자를 위해 포스트잇을 붙일 용기를 냈던 것처럼, 어떤 여성이 부당한 일을 당했을 때 다른 여성들이 소심한 의리를 발휘해주리라는 기대가 남아 있다.

김소라

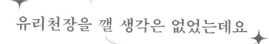

유리천장을 깰 생각은 없었는데요

"우리 회사의 유리천장을 깨는 애."

회사의 한 남자 선배가 낯선 여자 후배 앞에서 나를 그렇게 평가했던 순간을 잊지 못한다. 어쩌다 그런 이미지가 됐을까 생각하는 건 별로 의미가 없다. 무언가를 계속 선택해야 하는 사회생활에서 나는 때로는 대범하고 때로는 소심한 선택을 했다. 내가 생각해도 미쳤다 싶게 무모한 선택도 있었지만, 지금도 '이불킥'을 하게 될 만큼 비겁한 선택도 있었다. 어쨌거나 결과적으로, 몇 안 되는 문항의 답변을 어떻게 고르는지에 따라 천차만별로 결과가 달라지

는 심리 테스트처럼, 나는 선택의 끝에 '우리 회사의 유리
천장을 깨는 애'가 되어 있었다.

　유리천장을 깨는 애라는 평가를 들었던 날은 새로운 부
서로 발령받은 직후였다. 부서 선배가 취재원을 소개해 주
겠다며 저녁 식사 자리에 나를 불렀다. 그 자리에는 다른
여자 후배 한 명도 와 있었다. 만나기로 한 취재원이 약속
시간보다 조금 늦게 오면서 어정쩡한 분위기가 흘렀다. 불
려온 후배는 당시 회사의 막내 기수였고, 나는 어색한 분
위기를 풀기 위해 자기소개를 했다. "저는 ㄱ부서에 있었
고요, 얼마 전까지 ㄴ부서에 있다가 이번에 ㄷ부서로 왔어
요." 이제 무슨 말을 해야 할지 고민하던 찰나, 선배가 문
제의 발언을 꺼냈다. "우리 회사의 유리천장을 깨는 애지.
여자 한 번도 안 보냈던 ㄴ부서에 처음으로 갔고, ㄷ부서
에도 3~4년 동안은 여자 안 보내다가 이번에 특별히 보낸
거니까."

　한여름이긴 했으나 에어컨이 팡팡 돌아가고 있던 시내
의 한 고깃집에서 나는 갑자기 얼굴에 확, 열이 오르는 기
분이었다. 동시에 의문이 가득 떠올랐다. 내가 유리천장을
깨는 애라고? 고작 여자를 잘 안 보내는 부서에 '특별히'

갔다는 이유로? 페미니스트인 나는 이 말을 칭찬으로 받아들여야 할까? 아니, 그건 그렇고…… 이 회사의 유리천장이란 어디쯤에 있지? 나 말고도 여자 선배들이 많은데 그 선배들이 아니라 내가 유리천장을 깼다고? 나를 잘 모르는 후배한테 날 이렇게 소개해버리면 나는 그냥 '페미니스트 선배'가 되어버리는 걸까? 다행인지 불행인지 내가 상상의 나래를 과하게 펼치기 전에 취재원이 늦어서 미안하다고 말하며 식당 안으로 들어섰다.

"제가 왜 유리천장을 깨는 애라고 생각하시나요?"라고 그 선배에게 물어보진 못했다. (아이러니하게도 내게 그런 평가를 내렸던 선배는 내가 회사에서 만난 가장 가부장적인 선배였다.) 하지만 어쩌다 그런 이미지가 생겼는지는 짐작할 수 있다. 그 선배의 말대로 여자를 잘 보내지 않는다는 부서나 팀에서 일을 많이 했다는 것이 이유라면 이유였다. 내가 몸담았던 ㄴ부서는 생긴 이래로 남자들만 줄줄이 갔던 곳으로, 여자는 내가 처음이었다. 나이를 따져보면 20대 기자를 보낸 적이 없는 곳이라고도 했다. ㄷ부서 역시 남초였다. 정확히 말하면 부서 자체는 성비가 무난했는데, 유독 내가 속한 팀만큼은 꾸준히 남초인

곳이었다. 여성 기자가 얼마나 없었던 건지 궁금해서 회사 홈페이지를 뒤적거렸을 때, 내가 본 가장 최근 여자 선배의 기사가 올라온 날짜는 내가 입사할 즈음이었다. 2년 내외로 부서가 바뀌는 언론사의 특성을 고려하면 여자를 잘 안 보내는 곳이라는 선배의 설명은 정확했다.

동시에 내가 페미니스트 관점의 기사를 많이 썼기 때문이라는 사실도 부정할 수는 없다. '미투' 보도가 쏟아져 나온 시기에 입사해 자연스레 관련 기사를 많이 썼고, 그 가운데는 사소하지만 단독을 달고 나간 기사도 있었다. '불법촬영'과 '몰카' 용어 사용을 두고 선배에게 거하게 대들었던 끝에 완성된 기사는 1면에 실렸다. 게다가 입사할 때 냈던 자기소개서에 겁도 없이 여성주의 교지 경력과 페미니즘 출판 프로젝트를 주도했던 경험을 구구절절 써서 냈으니, 한 해 입사자가 다섯 명 내외인 작은 언론사 안에서 선배들이 그 정보를 대강 알고 있을 거라고 추측 가능했다. 페미니스트 정체성이 아르바이트 채용에서도 걸림돌이 되곤 하는 현실을 고려하면, 나는 숨기지 않는 쪽을 선택했음에도 운 좋게 노동자가 되는 데 성공한 케이스였다. 입사 후에도 "저 페미니스트입니다" 말만 안 했지 은연중에 가치관을 드러냈던 순간들을 고려하면, 그런 이미지가 되지 않는 게 더 이상하긴 했다.

페미니스트라는 걸 숨길 생각은 없었는데, 막상 그런 이미지가 되고 나니 쓸데없이 어깨가 엄청나게 무거워졌다. 유리천장 발언을 들었을 때 열이 올랐던 건 일단 부끄러웠기 때문이다. 잘 모르는 후배 앞에서, 설령 그 후배가 여자라고 할지라도, 별안간 '유리천장 깨는 메갈 선배' 이미지가 되는 건 달갑지 않았다. 젊은 여성 기자가 모두 페미니스트인 건 아니라는 사실은 입사 초반에 이미 깨달았고, 이 후배가 페미니스트인지 아닌지 추리해볼 단서가 당시의 내겐 없었다. 사회 전반적으로 부정적인 이미지가 덧씌워져 있는 '페미니즘'이라는 단어가 갑자기 내 이름 앞에 수식어로 놓이니 당황스러웠다.

페미니스트로 정체화했던 20대 초반에 느꼈던 '페미니스트는 맞지만 메갈은 아니라고 부정하고 싶은' 마음을 어느 정도 극복했다고 생각했다. 하지만 사회생활을 하면서 나는 다시 똑같은 자기부정의 단계로 돌아왔던 것이다. 나는 은연중에 기자라는 직업인으로서 내 앞에 가장 먼저 붙는 수식어가 '페미니스트'는 아니었으면 좋겠다고 생각하고 있었다. 페미니스트 기자 이전에 '기사를 잘 쓰는' 기자, '취재를 잘하는' 기자이고 싶은 마음이 선명했다. 그래서 '여자는 잘 안 보내는 출입처를 간' 기자, '우리 회사에서 눈에 띄게 페미니즘 기사를 많이 쓴' 기자라는 수식어가 그다지 기쁘지 않았다.

페미니스트는 맞는데 페미니스트라고 불리는 건 달갑지 않은 혼란 속에서도, 이정표가 되어준 나날들이 켜켜이 쌓였다. 여자 기자가 처음이라던 ㄴ부서에서 있었던 일이다. ㄴ부서는 특성상 비수도권 지역에서 근무하는 구조였다. 여자 기자를 안 보내는 이유도 수도권 사람들이 험지로 인식하는 곳에서 일해야만 한다는 특성 때문이었을 것이다. (하지만 험지여서 여자를 잘 보내지 않는 곳은 대개 기자로서 경험을 쌓고 능력을 인정받기에 용이한 곳이기도 하다. 이 역시 한국 사회에 짙게 깔린 성차별의 반영이라고 생각한다.) 그 부서에 몸담았을 적, 나는 지방에서 근무하면서 일주일에 한두 번씩 서울을 오고가는 일상을 보내는 중이었다.

그 시절 회사에서는 편집국장이 영입하려 했던 인물이 크게 문제가 됐다. 그는 10년 넘게 기자로 산 사람이었는데, 이전 회사에서 후배 여자 기자를 성추행한 혐의로 사표를 썼다고 했다. 입사가 사실상 확정되고 뒤늦게 그 사실이 알음알음 퍼지면서 회사가 술렁였다. 선배들은 회사 노조 단톡방에서, 동기들은 동기들대로 이게 말이 되는 일이냐며 불만을 늘어놓던 날들이었다. 그 인물을 데려오려 했던 편집국장은 예상치 못한 반발에 당황했지만 나름대로 강수를 뒀다. 이번 결정에 불만이 있는 사람은 편집국장실로 찾아오라는 거였다. 평일 오후, 대부분의 기자가 취재원을 만난 뒤 숨을 고르며 기사를 마감해야 할 시간을 노린 다소 비겁한 제안이었다. 최대한 많은 선배들이 가줬으면 좋겠다는 마음을 속으로만 삼키고 있던 내게, 같은 팀 선배들이 제안했다. "우리 팀 대표로 네가 가지 않을래?"

당시 팀에서는 내가 첫 여자 기자였기에, 내게 그렇게 제안했던 선배들은 모두 남자들이었다. 다행히 그들 역시 같은 회사에 성추행 전력이 있는 사람이 오길 바라지 않을 정도의 이성적 판단이 가능한 이들이었다. 마침 편집국장이 찾아오라고 못박았던 날의 전날 저녁, 선배들과 같이 서울에 가야 하는 일이 있었다. 굳이 시간을 내지 않아도 간 김에 편집국장실을 갔다 올 수 있는 거였다. "내일 업무는 걱정하지 말고 가서 뭐라고 말하는지 열심히 듣고 와. 그래도 우리보다는 네가 가야 한마디라도 더 하지 않겠냐." 승리했다는 소식 한마디를 전하기 위해 42.195킬로미터를 달렸다는 옛날 아테네 병사처럼 나는 그 말 한마디를 등에 업고 회사로 향했다. 그때 나는 이유를 알 수 없는 울컥함과 비장함으로 가득 차 있었던 것 같다. 아무도 예상치 못한 많은 인원이 회사로 몰려온 덕에 편집국장은 회사에서 가장 넓은 회의실로 자리를 옮겨 그 사태를 해명해야만 했다. 내가 멀리서 올라온 것을 아는 다른 부서 선배들이 나를 바라보던 눈빛을 잊지 못한다. 결국 문제의 인물은 우리 회사에서 일하지 못했다.

페미니스트 이미지가 되고서 좋은 일만 있었던 건 아니다. 나는 취업 후에도 대학생 때처럼 노트북에 내 가치관과 취향을 담은 스티커를 붙이고 다녔는데, '성평등 세상 기원'이라고 적힌 부적 모양의 스티커(여성의 날 행사에서 받아온 거였다)를 보고 한 남자 선배가 내게 물었다.

"너, 뭐 페미니스트 그런 거야?" 명백히 조롱하는 투의 질문이었다. 같이 일할 일이 거의 없는 선배라 "네, 저 페미니스트 그런 건데요. 근데 제 스티커 예쁘죠?" 하고 최대한 쿨하게 보이려고 노력하면서 받아치기는 했지만 불쾌함은 생각보다 길었다. 페미니즘이 뭔지 잘 모르는 선배들은 내가 대충 그런 이슈에 관심이 있다는 것을 인식한 뒤로 '여성'이라는 키워드가 들어간 일이라면 죄다 나에게 떠넘기기도 했다. 여성, 저출생, 고령화와 관련된 거의 모든 통계자료와 보도자료가 내 몫이 되는 것도 '유리천장 깨는 애'로서 감수해야만 하는 일이었다.

하지만 회사 노동조합에서 일했던 건 좋은 일 중 하나였다. 줄곧 조합원이기는 했지만, 페미니스트인 덕분에 비교적 젊은 연차에 노조 집행부로 일할 수 있었다. 페미니즘 기사를 쓰고, 불편하게 느껴지는 데스크의 언행에 앞뒤 덜 재고(나름대로 재긴 했다) 이의를 제기하는 내 모습을 지켜봤던 한 선배가, 같이 노조 집행부를 해보지 않겠냐고 제안했다. 그는 세심하게도 집행부에 젊은 여성 기자가 한 명뿐인데 보조적인 역할을 맡는 건 좋지 않은 것 같다며 꽤 중요한 직책을 덥석 맡겨주었다. 선배의 제안으로 시작

유리천장을 깰 생각은 없었는데요

했던 노조 집행부에서 나는 내가 할 수 있는 일을 했다. 수년 만에 전면 개정에 나선 단체 협약에서 '양성평등'이라는 용어를 '성평등'으로 고치고, 비혼이나 딩크를 선택하는 조합원에게 차별적이었던 조항을 적극적으로 개선해나갔다. 페미니즘으로 인해 달라진 세상을 경험했던 사람으로서, 새로운 시대의 '뉴 노멀'을 내가 속한 조직에 조금이나마 반영할 수 있었던 건 큰 효능감을 느낄 수 있었던 귀한 경험이었다. 취재나 기사 작성 같은 직무 바깥의 영역에서 페미니스트-직장인 자아를 꺼내볼 수도 있겠다는 가능성을 발견하기도 했다.

명확히 만족스럽지도, 명확히 부담스럽지도 않은 흐릿한 경험들이 이어진다. 유리천장을 깨는 애라는 평가가 무색하게, 실제로 깨졌던 건 회사의 유리천장이 아니라 어쩌다 유리천장에 가닿게 된 내 정수리 쪽이라고 해야 맞다. 대단히 용감한 페미니스트로 일한 것처럼 말했지만, 빈도로 따져보면 비겁했던 일이 훨씬 많았다. 내가 썼던 기사 가운데 분명 성평등과 진보에 역행하는 내용도 있었을 것이다. 여전히 내 앞가림을 하기에도 하루가 모자란 상황이어서 지금도 나는 머리가 깨질 듯한 혼란 속에서 일한다.

하지만 페미니스트 정체성을 일정 부분 드러내며 그에 따른 득과 실을 모두 취하는 시간이 길어질수록, 묘한 우려나 책임감도 생겼던 것 같다. K-장녀 특유의 실체가 없는 부채의식이라고 비유할 만한 감정이었다. 우리 회사의 첫 여성 기자로서 가게 됐던 팀은, 사실 기자라면 한 번쯤 거쳐보기 좋은 알짜 출입처이기도 했다. 그런 곳에 가게 됐던 건 내가 짧은 머리를 한, 누가 봐도 '남자 같은,' '씩씩한' 성격이어서는 아닐까. 그렇다면 내가 그곳에서 성취를 거둔다면 나와 다르게 차분하고 조용한 여자들에겐 그 기회가 돌아가지 않는 것은 아닐까. 반대로 내가 그곳에서 형편없게 일한다면 특성을 막론하고 여자에게는 그 일을 맡기지 않는 것은 아닐까. 모순되는 고민이 속을 휘저었다.

내가 지나온 ㄴ부서에는 이제 꽤 많은 여자 기자가 일하고 있다. 오랜만에 여자를 보냈다던 ㄷ부서는 물론, 지금 일하는 ㄹ부서에서도 이제 나는 다른 여자 기자들과 함께 있다. 나의 우려가 무색하게 그들의 면면과 특성은

유리천장을 깰 생각은 없었는데요

다양하다. 여기까지 온 데는 페미니스트임을 덜 숨기려고 했던 나의 지난날과, 거스르기 어려운 시대의 흐름과, 나로서는 가늠할 수 없는 많은 사람의 다양한 노력이 영향을 미쳤을 것이다. 제대로 된 평가는 시간이 지나야만 가능하겠지만, 짧지 않은 시간을 돌아보며 기록해두고 싶은 것들이 있다.

페미니즘을 치열하게 실천했던 시간들을 완전히 지우지 않더라도, 소소하지만 독창적인 시각으로 일하는 직업인이 될 수 있다는 것. 모든 페미니스트가 회사를 뒤엎을 수 없고 그래야 하는 것도 아니지만, 용기를 낸 페미니스트만이 바꿀 수 있는 영역이 있다는 것. 세상과 삶의 궤적은 무한하게 확장되는 각도기 같다. 보잘것없던 단 1도의 차이가 지속돼 끊임없이 뻗어나가면, 결국 닿기 힘든 먼 거리를 만들어낸다. 당신이 바꿔낸 아주 작은 변화가 어떤 멋진 미래로 이어질지 차마 가늠할 수 없는 이유다.

전은영

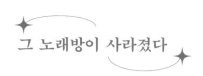

그 노래방이 사라졌다

술을 좋아한다. 그중에서도 '최애'는 위스키다. 2만 원짜리 페이머스그라우스부터 상여금을 받을 때마다 큰맘 먹고 한 병씩 사는 라가불린까지. 친구들이 놀러 오면 한 잔씩 마실 수 있도록 책장 한구석에 나름 컬렉션도 갖춰뒀다. 어느 출입처든 양주를 좋아하는 중년 남성들이 꽤 있기 때문에, 적당히 있어 보이는 척 화기애애한 분위기를 만들기도 좋은 주제다. 술자리의 '업된' 분위기도 좋아하고 취해서 노래 부르는 것도 좋아한다.

그렇지만 그게 회사 사람들과 술을 먹고 싶다는 뜻은

그 노래방이 사라졌다

절대로 아니었다. 취직하기 전에는 성격이 활발하고 새로운 사람을 만나는 자리를 좋아하니 적성에 맞을 거라고 생각했지만, 자기객관화가 덜 됐었음을 입사 후 깨달았다. 그나마 내가 다닌 회사는 비교적 회식 문화가 '덜 빡센' 축에 속했다. 그러나 부서 회식이나 출입처 저녁 자리마다 속이 불편하고 어딘가 팔려 나온 것 같은 기분은 어찌할 도리가 없었다.

내가 입사하던 즈음부터 주 52시간제와 미투 운동의 영향으로 회식이나 워크숍이 확 줄었다. 이듬해 발생한 팬데믹은 여기에 완전히 쐐기를 박았다. 미투 운동과 코로나 바이러스에 고맙다고 말하기에는 조금 찜찜한 구석이 있지만, 아무튼 회사는 그래도 더 나은 방향으로 바뀌긴 바뀌었다. 이것은 내가 속한 사회나 회사에 대한 믿음과 신뢰라기보다는, 몇 년 안 되는 사회생활에서 터득한 경험칙이었다.

어르신들의 특징 중 하나는 아는 척이다. 저 어디 매체의 누구인데요, 라고 인사하면 "거기 내가 아주 잘 알지. 거기 사장이랑 몇 년 전에 점심도 한번 했었는데……" 이런 식의 얘기가 돌아온다. 그러면 나는 《OO경제》와 《OO일보》가 분리된 지 십 년은 됐고, 나는 그 사장 코빼기도 본 적 없다는 말을 꾹 참고 웃으며 그러세요, 답한다.

출입처에서 만나 나를 퍽 챙겨주려고 하던 어떤 회사의 홍보팀장도 그랬다. 입사 한 달 차에 처음으로 선배들 없이 혼자 출입처 사람과 점심을 먹는 날이었다. 신입이라고 인사를 하자 그는 내가 입사하기 전에 회사를 떠난 김모모 기자가 자기랑 아주 친하다고 말했다. 나는 아침에 챙겨 나온 사회성을 발휘해 최대한 밝게 대답했다. "아, 그 선배 말씀 많이 들었어요. 엄청 취재를 잘하셨다고 하더라고요."

그러자 상대는 신이 나서 에피소드를 이야기해주기 시작했다. 본인이 홍보팀장을 단 지 얼마 안 됐던 시절, 우리 회사 부장과 출입 기자와의 술자리를 마치고 3차쯤 이동했을 때였다고 한다. 이 회사 사람들의 단골인 허름한 노래방이 한 곳 있었는데, 김영란법이고 뭐고 없던 그때는 각자 출입처에서 1차, 2차 회식을 마치면 늘 그곳으로 모였다고 했다. 산업부 김 부장과 OO전자 홍보팀장이 어깨동무를 하고 노래방에 들어오면, 이미 금융부 박 부장과 OO은행 부장이 호형호제하고 있었단다. 그야말로 아수라장이었다.

그도 어느 날 우리 회사 부장과 술을 마시고 잔뜩 취한 채로 노래방에 도착했다. 제일 큰 룸에서 다들 뻑적지근하

그 노래방이 사라졌다

게 잔을 돌리다가 잠깐 화장실에 다녀왔다. 그런데 다시 들어가려고 보니 룸 앞에 웬 핫팬츠를 입은 여자가 서 있었다고 했다. 그는 매너 있게 "우리 아가씨 안 불렀어요~"라고 말하며 손을 휘저었다. 여자는 그를 한번 쳐다보고는 룸 안으로 들어갔다. 따라 들어가자 방금까지 같이 술 먹던 부장이 그 여자를 가리키며 이렇게 말했단다. "형님, 인사해. 여기는 정치부 김모모 기자."

그는 아주 웃긴 얘길 해주듯 본인 입으로 이런 말을 했다. 표정 관리는 이미 안 된 지 오래였다. 저질 성인 유머 페이지에나 나올 법한 얘기였다. 뭐지? 어쩌라는 거지? 이 이야기의 포인트가 자기가 이런 '유쾌한' 실수를 했다는 건가? 아니면 '아가씨'를 안 부를 정도로 착하게 놀았다는 건가? 그냥 내가 만만해서 지금 떠보는 건가?

나는 몹시 심란해졌다. 그가 우리 아빠와 동년배였기 때문이다. 우리 아빠도 어디 가서 내 또래 애들한테 이런 소리를 할까? 술자리에서 여직원들이 술 따라주면 흡족해하며 마실까? 밥을 먹는 내내 입꼬리가 굳어서 안 올라갈 지경이었다. 출입처 미팅에 처음으로 혼자 나갔던 '데뷔전'은 이렇게 엉망으로 끝났다.

그 이후로도 종종 나에게는 자잘한 모욕의 경험이 쌓였다. 친하게 지내던 취재원이 그런 식으로 불쾌한 말을 하면 더 마음이 복잡했다. 모 금융사의 본부장도 그중 한 명이었다. 입사한 지 일주일, 잔뜩 얼어서 그에게 인사하러 갔던 걸 시작으로 몇 년 동안 종종 연락을 이어갔다. 그는 처음 만났을 때 내가 대학생처럼 보여서 기사는 쓸 수 있으려나 싶었는데, 몇 년 동안 주니어 기자로 성장하는 걸 기특하게 봤다고 했다. 자기 아들 사진을 보여주면서 나를 며느리 삼고 싶다는 말도 종종 했다.

　　본부장이 그의 후배 직원들을 소개해주겠다며 밥을 먹자고 한 날이었다. 늘 그렇듯이 결혼을 잘해야 한다느니 남편을 잘 골라야 한다느니 그런 얘기를 듣던 중이었는데, 갑자기 본인이 이혼할 뻔한 이야기를 꺼냈다. 그의 말은 이랬다. '여자가 술은 따라주지만 유흥업소는 아닌' 바에서 사업 이야기를 나눴는데, 그때 예약을 하면서 오간 문자를 와이프가 보고 바람을 피우는 것으로 오해했다는 거였다. (문자의 내용은 '오빠, 방 잡아놨어요'였다.) 본인은 당당했기 때문에 이혼할 거면 해보라며 큰소리를 쳤다고 했다. 밥 먹던 젓가락은 멈췄고 표정은 점점 썩어갔다. 부하 직원들의 추임새에 신이 난 그는 한술 더 떠 남편의 '사회생활'을 눈감아 주는 현명한 여자의 자세에 대해 이야기하기 시작했다.

"김 기자, 나중에 남편이 셔츠에 립스틱 묻혀서 오면 혼내면 안 돼."

"왜요?"

"술집 애들이 얼마나 똑똑한데. 그런 건 실수로 묻히는 게 아니야. 자기 남편이 하도 뻣뻣하게 구니까 얄미워서 집 가서 혼나라고 쓱 묻히는 거지."

건너편에 앉아있던 여자 과장님과 눈이 마주쳤다. 과장님의 표정도 만만찮게 안 좋았다. 공교롭게도 그날은 3월 8일 여성의 날이었고, 그녀는 식사 전 아이스 브레이킹을 위한 대화에서 오늘이 여성의 날이라는 점을 얘기했었다. 나는 알 수 없는 동지애를 느꼈다. 그리고 그 본부장을 만날 때 술은 한 방울도 먹지 말아야겠다고 다짐했다.

젠틀한 모 사모펀드 대표도 그랬다. 그는 나이답지 않게 멀끔한 인상과 세련된 차림새가 인상적인 사람이었다. 매우 똑똑하고 말을 잘해서 그를 만나본 누구나 그에 대해 좋게 말했다. 한국의 임원 아저씨들이 으레 하는 나이,

결혼, 육아에 대한 이야기도 잘 꺼내지 않았다. 그보다는 미국 주식의 성장 가능성이나 일론 머스크는 성공할 것인지, 자신의 포트폴리오 기업의 장기적인 방향성에 대해 이야기하길 좋아했다.

몇 번 그 기업에 대해 기사를 쓸 일이 있었고, 상대는 좋은 기사 고맙다며 저녁을 사겠다고 했다. 선배들과 함께 만난 자리에서 화요 몇 병을 해치웠을 즈음이었다. 그가 여행을 갈 때마다 위스키를 한 병씩 산다는 말을 꺼내자 나는 신이 나서 맞장구를 쳤다. 위스키는 내가 가장 자신 있는 대화 주제였다. 김 기자, 무슨 위스키 제일 좋아해요? 저 아일라 위스키 좋아합니다. 나도 아일라를 가장 좋아하는데, 그중에서 하나만 꼽는다면 뭐예요? 라가불린이 제일 입맛에 맞더라고요. 김 기자가 마실 줄 아는구만.

하하 호호 대화가 잘 풀리고 있었다. 상대는 나이도 어린데 어떻게 위스키를 배웠냐며 칭찬했고 나는 그동안 돈 쓴 보람이 느껴져 뿌듯했다. 동석한 선배는 이야, 하는 눈길로 날 바라봤다. 내 취재원 중에서도 몇 안 되는 '고급' 취재원이었기 때문에 잘 보이고 싶은 마음도 컸다. 그러나 이어진 대화에 나의 우쭐함과 즐거움은 또 와장창 깨졌다.

"한국의 양주 문화는 룸살롱들이 다 망쳤다니까요. 룸살롱에서 가짜 양주 팔고, 양주 폭탄주 말고, 아가씨들이 술 버리고…… 이래서 사람들이 양주에 부정적 인식을 가지는 거야. 안 그래요?"

이럴 때마다 나는 웃을 수도 울 수도 없는 얼굴이 됐다. 민망함과 모욕감에 얼굴이 일그러졌지만, 사회생활이니까 웃어야 했다. 내가 할 수 있는 최소한의 방어는 더 대꾸하지 않고 어색한 웃음만 짓는 거였다. 더 슬픈 건 그들이 개중에 괜찮은, 친한 취재원이었다는 점이다. 나를 싫어하거나 일부러 모욕을 주려는 게 아니라, 오히려 내가 열심히 한다고 생각해서 나름대로 도와주려고 하는 사람들이었다. 마냥 미워하거나 무시하거나 연락하지 않을 수도 없었다. 친하게 지내고 고마워하면서도 모욕감을 느끼는 복잡하고 괴상한 관계들이 늘어갔다.

입사 첫해, 회사의 모든 직원이 워크숍을 떠났다. 나에게는 처음이자 마지막 워크숍이었다. 미투 운동이 막 시작되고 사내 '성추문'도 매일같이 뉴스에 등장하던 때였다. 회사에서는 술에 취한 사람들을 통솔해야 한다는 일에 부담을 느꼈던 것 같다. 마침 주 52시간제가 도입되면서 업무시간에 대한 구분이 확실해졌고, 회사에서는 법률 검토 끝에 주말 등산이나 워크숍도 업무 시간으로 계산해야 한다는 결론을 내렸다. 경영진은 그렇게까지 하면서 워크숍을 갈 필요는 없다고 판단했고, 그해를 끝으로 워크숍을 폐지하기로 했다.

워크숍은 새로 들어온 기자들이 다른 부서 사람들에게 인사를 하는 첫 자리였고, 입사 초기였던 나는 뭐든 열심히 하는 신입으로 보이고 싶었다. 새벽 5시부터 겨울 산에 오르는 일정이었다. 평소 잘 안 하던 등산을 하느라 땀을 한 바가지 흘렸고, 너무 긴장해서 어깻죽지가 뻐근하게 아팠다. 그 상태로 몇 시간이 지나 하산을 하고, 비닐 천막 사이로 한겨울 바람이 숭덩숭덩 들어오는 산 아래 오리고기집에서 뒤풀이를 하게 됐다. 여섯 시간쯤 술을 마셨을까, 땀이 식어서 손이 얼음장처럼 차가워졌다. 젓가락을 집은 손은 덜덜 떨렸고 이가 딱딱 부딪혔다.

누군가가 노래방 기계를 켰다. 분위기 메이커 역할을

맡은 선배들이 테이블에 올라가서 싸이 노래를 부르며 춤을 췄다. 국장과 부장들은 흥이 올랐고, 여기저기서 수습기자들도 노래 한 곡 하라고 부추겼다. 빼지 않고 벌떡 일어나 소주병에 숟가락을 꽂고 김광석의 〈서른 즈음에〉와 심수봉의 〈사랑밖엔 난 몰라〉를 구성지게 불렀다. 선배들은 젊은 애가 '쏘울'이 있다며 아주 좋아했다. 트로트 경연 프로그램 〈미스트롯〉이 엄청나게 유행하던 때였는데, 국장은 나더러 "우리 회사의 송가인이네!" 하며 칭찬을 했다. 당시에 그 말은 성차별로 느껴지진 않았다. 남자 선배들도 온갖 가엾은 재롱을 피웠기 때문이다. 춥고 힘든 마음이 반, 그래도 열심히 해야 한다는 생각이 반이었던 것 같다. 찝찝한 마음이 들지 않았다면 거짓말이지만, 그날은 회사에서 예쁨 받아서 기쁜 마음도 컸다.

그러고 나서는 그 일을 잊고 있었다. 다음 주가 되어 회사에 출근했는데 국장을 마주쳤다. 어딘가 바쁘게 가던 그에게 90도 인사를 하고 자리로 향하는데 국장이 갑자기 돌아서서 말했다. "내가 너 워크숍 때 노래 시켰냐?" 생각지도 못한 말이었다. "네, 노래 불렀습니다!" 하고 답하니 이번에는 전혀 기대하지 않았던 사과가 돌아왔다. "야, 미안하다.

그런 거 시키면 안 되는데. 앞으로 내가 그런 거 시키면 안 한다고 해." 당황했지만 싹싹한 막내답게 "아닙니다, 괜찮습니다!" 하고 외쳤다.

편집국장은 기자들이 모여 있는 편집국을 이끄는 사람이고, 회사에서 대표 다음으로 직급이 높다. 그런 사람이 수습기자에게 노래 좀 시킨 것 가지고 사과를 하다니 놀랐다. 물론 그가 대단히 마음에서 우러나오는 사과를 한 건 아니었을 거라고 생각한다. 아마 연차가 좀 있는 선배가 "요새 애들한테 이런 거 시키면 나중에 무슨 말이 나올지 모른다"며 점잖게 일러주지 않았을까. 혹시나 나중에 문제가 될지도 모른다는 생각에 선제적으로 사과했을 가능성이 높았다.

그렇지만 이것도 나쁘지 않았다. 어쨌든 높으신 분들도 이제 신입사원에게 함부로 굴면 큰일 날 수 있다는 걸 학습했다는 의미였다. 예전처럼 술 먹이고 노래시키고 껴안고 블루스를 춰서는 안 된다는 감각 정도는 체득하게 된 것이다.

미투 운동에 대한 공포와 주 52시간제라는 커트라인으로 슬금슬금 개선되던 조직문화에 쐐기를 박은 건 코로나19 팬데믹이었다. 입사 일 년 만에 전면 재택근무에 돌입

했다. 저녁 약속은 전부 취소됐고 점심 약속도 최소한으로 줄었다. 이래도 되나 싶은 마음이 들 때도 있었지만 몸은 편하고 스트레스는 줄어들었다.

그동안 일 잘하는 기자의 전형은 활발하고 붙임성 좋고 취재원들과 친하게 지내면서 가끔은 술을 잔뜩 마시고 중요한 정보도 캐내는 캐릭터였다. 이런 전형적인 인재상은 남자 기자를 선호하는 현상에 정당성을 부여해주기도 했다. 여자 3명, 남자 4명이었던 부서에서 경력 기자를 뽑을 때 남자가 부족하다며 남자만 면접을 본 적도 있었다. 사실은 그냥 남자가 편하고 좋은 호모소셜의 발현이었겠지만, 부장은 같이 저녁 자리에 나가줄 남자 기자가 필요하다고 당당하게 주장했다.

나이도 어리고 남자도 아닌 나는 늘 일 못하는 기자가 될까 봐 불안했다. 그래도 기자라는 직함 덕분에 기본적으로 출입처 사람들은 나에게 술을 강권하거나 모욕적인 말을 하진 않았고, 오히려 조심했다. 그럼에도 술자리가 즐겁고 편하진 않았다. 네 명이 만나면 나 빼고 모두 기혼 남성이었다. 술을 많이 마시면 많이 마셔서 문제였고, 나만 안 마시면 나 빼고 모두가 취해서 문제였다. 그들끼리 취해서 미투가 어쩌네, 자기 회사 여자 상무가 예민하네, 불쾌한 말을 하다가 내 눈치를 봤다. 거기에 껴서 동조하기도 싫지만, 끼면 안 될 곳에 낀 사람 취급을 받는 것도 불편했다. 그러나 술자리가 사라지며 좋은 기자, 열심히 하는 기자의 기준도 바뀔 수밖에 없었다.

우리 회사 '구악'의 상징이었던 그 노래방이 망했다.

저녁마다 부장들이 상주했다던 그 노래방은 너무 낡고 지저분해서 우리 회사 사람들 말고는 찾는 사람도 없었다. 서울 시내 오래된 골목, 눅눅하고 어두컴컴한 건물 지하 1층에 있는 노래방이었다. 곰팡내가 나는 천 소파를 만지고 나면 손을 옷에 부벼 닦아도 끈적하고 찝찝한 촉감이 남았다. 술값이 싼 것도 아니었다. 어떤 선배는 우연히 계산서를 보고 괘씸한 마음마저 들었다고 했다. 장점이라고는 하나도 없는 곳이었지만 단지 이 회사를 만들고 일으켜 세운 아저씨들의 눈물의 역사가 남아 있다는 이유로 아지트가 된 곳이었다. 그곳이 왜 아지트가 됐는지를 굳이 선배들에게 캐물은 적 있는데, 나보다 몇 년 앞서 회사에 들어왔던 여자 선배들은 굴욕적인 기억을 떠올리며 몸서리를 쳤다.

수년 전까지만 해도 그들은 2차로 룸살롱에 가는 걸 당연하게 여겼고, 맥주와 양주를 섞고 휴지를 돈처럼 뿌리고 노는 걸 즐겼다고 한다. 부서 회식 때도 하던 버릇대로 즐겁게 놀고 싶은데, 눈치 없게 앉아 있는 여기자들을 룸살롱에 데리고 갈 수는 없었다. 그러다 찾은 방편이 그 노래방이었다. 룸살롱은 아니지만, 룸살롱처럼 놀아도 되는 곳. '아가씨'는 없지만 '부르스'를 출 수 있는 곳. 거기서 부장들은 후배들을 앉혀놓고 '빠께쓰'에 양주와 맥주, 새우깡을 섞어 사발주를 먹였다고 한다. 그러다가 흥이 오르면 "여학우들은 집에 가라"며 들여보내고 영등포 나이트클럽으로 3차를 가기도 했다.

시대가 변해 지금은 최소한 '아가씨'를 부르지는 않는다지만, 그때 그렇게 놀던 부장들이 지금 옆에서 웃고 떠드는 나와 젊은 여자 선배들을 보면서 과연 무슨 생각을 할까 싶었다. 우리가 동료나 후배로 보이기는 할까? 이런 생각을 하면 뭐라 말할 수 없이 비참해졌다. 딱 한 번 가봤지만 잊을 수 없이 모욕적이고 기분 나쁜 경험이었다.

그런데 팬데믹이 길어지자 노래방에 갈 수 없게 됐고, 찾아주는 사람이 바닥나자 결국 그곳은 몇 달 만에 문을 닫았다. 누가 지나가는 말처럼 "그 노래방 망했다더라" 하고 소식을 알리자 그 얘기를 들은 연차 높은 여자 선배는 호탕하게 박수를 쳤다. 나보다 훨씬 오래 이 회사에 다니면서 그 노래방에 수십 번은 가봤을 선배였다.

그 노래방의 폐업은 한 시대가 저물어간다는 증거였다. 회사를 일으켜 세운 형님, 동생들이 끈끈하고 지저분한 문화를 공유하며 자기들끼리의 충성을 확인하던 시대가 끝나가고 있었다. 부장들은 노래방이 문을 닫았다는 사실에 무척 아쉬워했지만, 나는 이런 문화가 내 세대에서 단절됐다는 것이 기뻤다.

이 시기가 어떤 임계점처럼 느껴진다. 주 52시간제로 회사는 저녁과 주말 일정을 강요할 수 없게 됐다. 팬데믹으로 기자가 일하는 방식도 변했다. 업무나 조직생활의 결정권을 가진 남자 상사들은 미투 운동으로 사회적 위신이 망가진 동년배 남자들을 보면서 공포감을 느꼈다. 그들에게 업무상 위계에 대한 이해 혹은 페미니즘에 대한 감수성이 자리 잡을 거라고 기대하진 않는다. 그들을 진심으로 교화시킬 수도 없고, 그러고 싶은 생각도 없다. 다만 사회 구성원으로서 지켜야 할 선, 그 최소한의 기준이 조금씩 올라가고 있다는 것만은 분명하다. '동료에게 함부로 말해서는 안 된다', '후배에게 술을 억지로 먹이면 안 된다' 같은 당연한 규칙들을 그들은 이제야 억지로 배우고 있는 셈이다.

그들은 요즘 애들이 유난스럽다고 욕하기도 하고, 미투 때문에 아무것도 못한다고 툴툴거리기도 한다. 그렇지만 결과적으로 회사는 예전보다 더 나은 방향으로 바뀌었다. 사람은 적응의 동물이다. 처음에는 욕을 먹을까 봐 참는 거였어도 그 분위기가 몇 달, 몇 년 이상 지속되면 그게 또 '뉴 노멀'이 된다. 어쨌든 회사는 더 나은 방향으로 조금씩 바뀌고, 한번 나아진 문화는 후퇴하기 쉽지 않다. 여전히 화가 나는 일은 너무나 많지만, 그래도 한 가지 확실한 건 앞으로 세상이 나빠질 가능성보다는 나아질 가능성이 훨씬 높다는 사실이다.

김소라

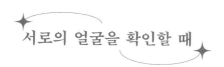

서로의 얼굴을 확인할 때

2022년 3월 10일 새벽 3시 30분. 대통령 당선인의 윤곽이 뚜렷해졌을 무렵, 불 꺼진 방 안 침대에 가만히 누워 생각했다. 고요는 길게 가지 않았다. 무슨 생각이라도 해야겠다고 생각했지만, 어떠한 생각도 하고 싶지 않았으므로 어둠과 적막을 깨기 위해 노래를 틀었다. 불안과 졸음 속에서 우연히 고른 노래는 윤하의 〈별의 조각〉이었다. "태어난 곳이 아니어도, 고르지 못했다고 해도, 내가 실수였다해도, 이 별이 마음에 들어." 하지만 나를 실수라고 부르는 세상을 어떻게 마음에 들어할 수 있을까. 나는 별이 되지 못한 아주 작은 우주 먼지라, 아무래도 그런 자비로운 태도는 어려울 것 같다고 생각하며 잠들었다.

국민의힘 윤석열 후보가 대통령에 당선된 것을 두고 많은 분석이 나왔다. 문재인 정부를 심판하려는 열망이 모여 정권 교체를 이뤘다는 전형적인 해석은 물론이고, 네거티브로 얼룩진 비호감 선거의 영향, 선거 직전의 단일화까지 대선 기간의 모든 사건이 분석의 근거가 될 수 있었다. 선거 결과를 어떻게 볼 것인지는 전적으로 해석의 영역이기에 뚜렷한 정답은 없다. 단 하나의 진리가 있다면, 주어진 한 표를 행사한 유권자의 수만큼 다양한 해석이 가능하다는 것뿐이다.

수천만 개의 해석 가운데 나와 내 친구들에게 가장 중요했던 사실은, 이 투표가 향후 5년의 생존을 건 싸움이라는 거였다. '여성가족부 폐지'가 젊은 남성 유권자의 마음을 사로잡는 매력적인 공약이 되는 나라에서, 그 일곱 글자를 페이스북에 업로드한 남성 비서관이 여성을 불법촬영했다는 사실이 메시지의 매력도를 해치지 못하는 나라에서, 젊은 여성들이 느낀 대선의 테마는 '생존'이었다.

대선 직후 의아하다고 생각한 점 중 하나는, 윤석열 당선에 따른 후폭풍을 두려워하는 이들이 울분과 우려를 토해내는 가운데 생각보다 '백래시'라는 단어가 많이 사용되지 않는다는 거였다. (백래시라는 단어를 사용한 이들이 없었던 것은 아니다. 윤석열의 당선을 명백히 백래시로 규정하거나, 그 이후에 뒤따를 퇴보를 백래시라는 단어를 사용해 우려하는 목소리도 많았다.) 아마 윤석열의 당선이 2010년대 이후 한국 사회가 경험한 최초의 백래시라고는 볼 수 없기 때문일 것이다. 윤석열 당선은 대선이라는 커다란 이벤트에서 발생한 백래시긴 하지만, 2010년대 이후 한국 사회가 경험한 최초의 백래시라고는 볼 수 없다. 백래시의 파도는 2022년 대선에 이르러 갑자기 덮쳐오지 않았다. 윤석열의 당선은 그 자체로 백래시라기보다는 백래시라는 큰 바다에서 발생한 또 다른 위협적인 파도에 가까웠다.

내 또래 여성들이 최초로 인식했던 백래시는 대학교의 총여학생회(총여) 폐지 흐름일 것이다. 총여는 1980년대 민

주화 운동 이후 총학생회가 담아내지 못하는 여학생의 인권 문제 등을 담당하기 위해 몇몇 대학에 설치된 조직이다. 총여가 수도권의 이름이 알려진 대학 위주로 존재했다는 점에서 공감할 수 있는 여성 계층에 다소 한계가 있긴 하다. 하지만 캠퍼스 내에서 페미니즘이라는 단어가 희미해지던 상황에서도 살아남았던 총여가 2015년 페미니즘 리부트 이후에 폐지되던 과정은 다분히 충격적이었고, 젊은 페미니스트들이 '백래시'라는 단어를 명확히 체감하는 계기로 작용했다.

그 가운데 2018년 있었던 성균관대학교 총여 폐지는 내게도 각별한 사건이다. 당시 사회부에서 성균관대 인문사회 캠퍼스가 자리한 서울 종로·혜화·북부 지역을 담당하면서 총여가 폐지되던 과정을 가까이서 지켜보았기 때문이다. 성균관대에서 총여 폐지를 주장하던 학내 세력은 안건을 학생 투표에 부쳤고, 총여 폐지를 막으려던 이들은 투표 거부에 나섰으나 흐름을 꺾지 못했다. 총여의 필요성을 주장하는 학생들의 기자회견에 취재차 참석한 적이 있다. 기자회견에는 30여 년 전 성균관대에서 첫 총여 회장을 지냈던 분이 참석해 총여의 역사와 필요성을 역설했다.

하지만 언론은 물론 학생들의 관심마저 크지 않았던 것으로 기억한다. 총여 폐지를 주장하는 이들은 아주 많았고, 총여가 필요하다고 말하는 캠퍼스 내 페미니스트는 수적으로나 여론상으로나 열세였다.

그럼에도 돌이켜 생각해보면 당시 상황에는 조금은 희망적인 면이 있었다. 혐오의 얼굴은 흐렸고, 혐오에 맞서는 얼굴은 뚜렷했기 때문이다. 성균관대 총여가 폐지되는 과정에서 얼굴을 숨겼던 건 주로 폐지를 주장하는 이들이었다. 총여 폐지를 학생 투표에 부치자는 안건을 올렸던 이들의 명단은 공개되지 않았다. 총여 폐지를 두고 의견이 첨예하게 대립한 탓에 학내 투표관리위원회가 토론회를 추진했지만, 폐지를 주장하는 쪽 토론자가 등장하지 않아 토론회가 취소되기도 했다. 총여 폐지를 주장한 이들의 얼굴은 보이지 않았으나, 총여 폐지를 막으려는 이들은 얼굴을 숨기지 않고 목소리를 드러냈다. 노골적인 조롱과 혐오에 정면으로 마주해야 한다는 것을 그들 역시 모르지 않았을 테다.

단순히 스스로를 젊은 페미니스트라고만 생각했던 내가 동시대 페미니스트 사이에 존재하는 세대 구분을 인

서로의 얼굴을 확인할 때

식하게 된 것은 이때였다. 내가 다니던 대학에는 일찌감치 사라졌던 총여 대신 총여보다는 권한이 적은 조직인 여학생위원회(여위)가 있었다. 학생사회의 축소와 페미니즘에 대한 무관심의 영향으로 여위마저 제구실을 충분히 하지 못하던 시절이었지만, 내가 졸업할 무렵 학내 페미니스트들의 노력으로 여위 '재건' 움직임이 일기도 했다. 단과대, 학과 단위로도 여성주의와 페미니즘을 표방하는 소모임이 탄생하던 때였다.

하지만 졸업 직후 직장인이 되어 다시 바라본 대학에는 페미니스트들의 목소리를 꺾으려는 움직임이 대세로 자리 잡은 상태였다. 용감하게 얼굴을 드러낸 페미니스트들이 존재했지만 그들의 용기로도 백래시의 흐름을 멈출 수 없었다. 2018년에만 성균관대를 포함해 광운대, 동국대 등의 총여가 폐지 수순을 밟았다. 2016년 즈음에 나는 학과 내에서 친구들과 여성주의 소모임을 만든 적이 있다. 남학생과 남교수들은 우리 소모임을 가리켜 "요즘 걔네 무서워서 뭔 말을 못하겠다"며 수군댔지만, 결과적으로 오고 싶다는 후배를 찾지 못해 소모임은 자연스럽게 사라지고 말았다.

1991년 출간된 수전 팔루디Susan Faludi의 책 《백래시》가 한국에 번역된 것은 2017년 12월이다. 번역본 서문에서 문화평론가 손희정은 "2015년은 페미니즘의 분수령이 된 해였다"며 "이후로 한국 사회에서는 페미니즘이 수면 위로 끌어올린 문제들을 둘러싸고 격렬한 싸움이 계속되고 있다. (…) 페미니즘과 여성운동에 대한 공격은 한도 끝도 없이 펼쳐지고 있다. 이는 점점 더 강해지고 있는 페미니즘의 영향력에 대한 후려치기라는 점에서 백래시라 할 만하다"고 썼다. 성균관대에서 총여의 필요성을 주장하는 기자회견을 취재할 때, 이제 막 대학에 입학한 어린 친구들은 페미니즘을 불필요하고 시끄러운 무엇으로 인식하지 않을까 생각하며 나는 옅은 공포를 느꼈다. 다음 세대의 페미니스트들에게 가해질 억압이 아찔했다.

내가 지켜본 또래 남자애들로 말할 것 같으면, 그들은 '일베'와는 다소 거리두기를 하면서도 '신남성연대'를 응원하는 건 쿨하고 힙하다고 인식하는 경향이 있었다. 선을 넘는 패드립을 뱉는 온라인상의 사람들과 동일시되고 싶지는 않지만, 역차별을 주장하는 담론에는 심정적으로 공감하고 이를 드러내는 데 거리낌이 없었다. 페미니즘 리부

서로의 얼굴을 확인할 때

트는 그들을 잠시 당황케 했지만, 이후에도 그들은 혜화역 시위로 몰려나온 여성들을 이해하지 못하거나 때로는 조롱하며 혐오의 정서를 유지했다. 내가 대학을 졸업하고 노동자가 됐을 무렵 백래시가 본격화된 점을 고려하면, 더 어린 한국 남성들은 일베의 혐오를 유산처럼 내려받은 각종 온라인 커뮤니티에서 활동하며 페미니즘을 향한 노골적인 분노를 숨기지 않게 됐을 것이다.

젊은 남성들이 공유하는 노골적인 백래시 정서는 20대 대선에서도 드러났다. KBS·MBC·SBS 방송 3사의 출구조사에 따르면, 20대 이하 남성 10명 중 6명은 '여성가족부 폐지'를 공약으로 내걸었던 윤석열 후보에 투표했다. 같은 세대 여성 10명 6명이 더불어민주당 이재명 후보에 투표한 것과 명확하게 대비된다. 20대 이하는 세대 내에서 성별을 기준으로 표심 차이가 가장 극명하게 갈린 세대였다.

상황이 이렇게 바뀌는 동안 얼굴을 가리는 것은 여성들의 일이 됐다. 페미니즘을 주제로 하는 모임이거나 여성만으로 구성된 특정한 소수 집단을 제외하면, 이제 페미니즘에 호의적인 얘기를 꺼내거나 페미니스트라고 밝히는 일은 사회적 평판의 저하와 비난을 감수해야만 하는 위험한 일이 됐다. 노동시장으로 진입하기 시작한 또래 여성들이 회사에서 페미니즘 같은 건 전혀 모르는, 말 잘 듣는 얌전한 여성으로 보이기 위해 노력하는 것은 생존을 위한 불가피한 선택이다. '#나는페미니스트입니다' 선언이 이어졌던 2015년으로부터 채 10년도 지나지 않았지만 상황은 급속도로 나빠졌다. 한국 사회에서 '페미니스트'는 완벽한 멸칭이 됐다.

2020년부터 시작된 코로나19 팬데믹은 백래시를 나쁜 쪽으로 부채질했다. 역병은 모두에게 평등한 듯 보였지만 결과적으로 약자에게 더 가혹했다. 여성들은 재택근무 속에서 돌봄노동과 가사노동이라는 이중·삼중의 과제를 수행했고, 특히 20대 여성 가운데 우울을 호소하는 이들이 늘었다. 나의 경우 팬데믹 이후 연대를 잃어버린 느낌을 받았다. 업무로 인한 만남을 제외하면 아무리 친한 친구여도 얼굴 보기가 쉽지 않았던 팬데믹 초창기에는 '단절'이라는 단어를 자주 생각했다. 전화와 SNS를 통해 원하면 언제나 누군가와 연결될 수 있었고, 화상 모임을 종종 가져보기도 했지만 오프라인 만남이 사라진 헛헛한 감정을 채우기엔 역부족이었다.

단절을 가장 강하게 느낄 때는 3월 초와 여름이었다. 페미니스트로 각성한 이후 나의 명절은 설날과 추석이 아니라 여성의 날과 퀴어축제 기간이었다. 내가 선택한 적 없는 가부장적인 명절 대신 내가 선택한 가치관을 숨기지 않고 행복할 수 있는, 매년 열리는 두 번의 축제였다. 페미니스트 명절의 광장에서는 다정하고 안전한 사람들을 만날 수 있었다. 그곳에서는 반가운 얼굴들을 마주할 수 있었고, 내가 타인에게 어떻게 보일지나 상대방의 불쾌한 말이 언제 날아올지를 걱정하지 않아도 됐다.

다시금 얼굴을 생각하게 되는 것도 이 대목이다. 여성의 날이나 퀴어축제 같은 행사에서는 한정된 시간과 공간이나마 차별과 혐오에 반대한다는 정체성을 얼굴과 함께 드러낼 수 있었다. "나는 당신의 역겨운 정체성에 관심 없으니 광장에서 나대지 말고 조용히 살라"로 요약되는 혐오자들의 비판은, 소수자는 물론이고 그들과 연대하는 이들의 '얼굴'을 보고 싶지 않다는 주장이다. 팬데믹은 여기에 맞서 안전하게 얼굴을 드러내고 진심을 발화하는 시공간마저 막아버렸고, 풍선처럼 부풀어오른 온라인 공간에서의 공격적인 혐오는 농도가 짙어져만 갔다.

그러나 내가 다시 희망을 찾게 되는 것은 역시, 멀고도 가까운 곳에서 드러나는 연대하는 여성들의 얼굴 덕분이다. 20대 대선에서 많은 젊은 여성들의 표심이 더불어민주당으로 향한 것은 단순히 이재명 후보가 여성들에게 와닿는 공약을 내놓고 그것을 잘 실현할 후보라고 생각해서가 아니었다. 젊은 여성들이 인식한 이번 대선의 경쟁 구도는 '이재명 대 윤석열'이 아니라 '박지현 대 이준석'이었다. 대선을 한 달 반 앞두고 이재명 캠프에 합류한 박지현은 N번방 사건을 세상에 알린 추적단 불꽃의 활동가다. 그는 캠프 합류 후 더불어민주당 여성위원회에서 디지털성범죄근절특별위원장직을 맡으며 2030 세대 여성 유권자의 표심이 이재명으로 향하는 데 크게 기여했다.

한동안 박지현은 신상 노출을 우려해 마스크를 벗지 않았다. 얼굴이 공개되면 딥페이크 영상을 만들겠다는 식의 비열한 협박이 넘쳐났기 때문이다. 하지만 대선이 얼마 남지 않았던 3월 1일, 변영주 영화감독의 이재명 후보 지지 선언 영상에서 박지현은 처음으로 얼굴을 드러냈다. 박지

서로의 얼굴을 확인할 때

현은 자신의 SNS에서 "영상을 찍으러 가는 동안에도 마스크를 벗을 생각은 없었다"면서도 "변영주 감독의 용기를 보며 덩달아 용기가 났다"고 마스크를 벗은 이유를 설명했다. 그의 짧은 SNS 글은 "저는 더 이상 두려울 게 없다"는 말로 끝난다. 박지현이 얼굴을 드러낸 직후인 3월 3일부터 9일까지는 여론조사 결과를 공표할 수 없는 기간이었다. 박지현의 얼굴은 바로 이 기간에 수많은 여성 유권자들의 마음을 움직였고, 10퍼센트 포인트 이상의 손쉬운 승리를 예상했던 윤석열은 1퍼센트 포인트도 채 되지 않는 차이로 어렵게 당선됐다.

이전까지 정치권에서 청년의 표는 주요하게 여겨지지 않았고, 청년을 논하는 수많은 세대 담론에서도 여성은 뒤늦게 인식되곤 했다. 하지만 이번 대선은 여성 청년이 외면받지 않은 동시에, 여성 청년이 어떤 소수자도 외면하지 않는 주체로 등장한 정치적 사건이었다. 여성들은 얼굴을 드러낸 박지현과 그가 바라는 한국 사회를 위한다는 생각으로 투표에 임했으며, 동시에 소수자의 권리를 가장 강력하게 변호한 정의당 심상정 후보에게도 표와 후원으로 힘을 실어주면서 가려진 존재들에 초점을 맞추는 역할을 모두 수행했다.

"지금 우리가 살고 있는 흐린 날이 언제 끝날지 알 수 없다. 그러니 손을 내밀고, 잡은 손을 좀 더 가까이 끌어당기자." 역사학자 후지이 다케시藤井たけし의 책《무명의 말들》에 나오는 대목이다. '여성가족부 폐지'를 앞세운 대통령의 등장은 우리가 살아가고 있는 흐린 날이 얼마나 더 짙어지고 길어질지 암울한 추측을 하게 한다. 계속되는 팬데믹은 우리가 서로의 손을 맞잡는 것조차 어렵게 만들고 있다. 하지만 이렇게 생각해볼 수도 있겠다. 혐오를 전략으로 삼은 후보가 다수의 지지를 얻어 대통령이 됐지만, 2015년 이전의 한국 사회를 돌아보면 2022년의 한국 사회에는 분명 진보의 흔적들이 남아 있다.

'여성가족부 폐지' 메시지를 윤석열의 페이스북에 올린 비서관이 불법촬영 혐의로 붙잡혔을 때, 우리는 어쨌거나 '몰카'라는 말을 '불법촬영'으로 바꾼 경험 위에서 싸움을 시작했다. 혐오에 동조하는 남초 커뮤니티에 글을 올리던 대통령 후보는 어떤 계기에서건 디지털 성범죄와 싸워온 활동가를 영입하며 태세를 전환했다. 이런 일들은 페미니스트로 각성했던 우리들이 서로의 얼굴을 마주보며 만들어낸 뚜렷한 결과물이다.

대선 결과가 윤곽을 드러내던 새벽에 내가 들었던 노래엔 사실 이런 가사도 있다. "돌아갈 수 있다 해도 사랑해버린 모든 건 이 별에 살아 숨을 쉬어. 난 떠날 수 없어." "언젠가 만날 그날을 조금만 기다려줄래? 영원할 수 없는 여길 더 사랑해볼게." 아무리 거대한 혐오가 몰려온다고 해도 서로의 얼굴을 이미 확인해버렸다면, 그리고 우리 사이가 여러 겹으로 두터워진다면 뒷걸음질은 어렵지 않을까.

언젠가 만날 조금 더 나은 세상을 위해 나는 일터와 일상에서, 페미니스트로서 얼굴을 조금 더 뚜렷하게 드러내려 노력하고자 한다. 각자가 처한 상황이 결코 쉽지는 않겠지만, 얼굴을 드러내고 사회 곳곳에서 서로의 존재를 발견하는 일만큼 우리의 페미니즘을 단단하게 만들어줄 수 있는 건 없을 것이다. 페미니즘이란 서로의 영향력 안에서 끊임없이 유연하게 발전하는 존재들의 삶의 양식이다. 《페미니스트 모먼트》에서 퀴어 페미니스트 나영정이 쓴 구절을 인용해본다. "나의 인식론을 변형시키고 열정이 향하도록 손을 내밀었던 구체적인 타인이 있었다. 이제는 도저히 나와 내가 아닌 것을 골라낼 수가 없다."

나와 비슷하고도 다른, 당신이라는 페미니스트의 얼굴이 궁금하다.

전은영

서로의 얼굴을 확인할 때

얼굴도 이름도 모르는 친구들을 찾습니다

'메갈' 시절에서 7년을 돌고 돌아 2022년을 맞았다. 어디로 튈지 모르는 불덩이 같던 나와 내 친구들은 차게 식은 납덩이 같은 마음을 안고 지하철을 타고 출퇴근을 한다. 예전에는 매년 3월 8일 여성의 날이면 당연하게 함께 행진에 참여했지만, 올해는 당일 아침이 되어서야 오늘이 여성의 날이라는 걸 깨달았다. 바쁘고 피곤해서 우리만의 명절이었던 퀴어축제에도 가지 못했다.

세상은 더 나아졌는지, 혹은 퇴보했는지 생각해본다. 지난 대선에서는 사람들의 삶을 더 나아지게 하겠다는 말 대신, 여성에게 주어진 권리를 빼앗겠다고 말한 사람이 과반의 표를 받았다. 여성혐오에 분노하는 목소리는 '유행이 지났고', 이제는 상대적 박탈감을 토로하는 '이대남'에게 마이크를 쥐어준다. 어떤 남성들은 '페미니스트'라는 단어 자체를 모욕의 단어로 사용한다.

　　분노가 식은 후에도 우리는 가끔씩 만나 우리의 '메갈' 시절을 되돌아봤다. 길지 않은 인생에서 가장 맹렬하고 싸우고 웃고 화내고 기뻐했던 시간이었다. 그때 되게 재밌었는데. 이거 때문에 엄청 화났었는데. 이런 이야기를 나누다 보면 질문의 종착지는 늘 비슷하다. "우리 지금 뭐하고 있지?"

　　그럼에도 나는 주변 여자들의 얼굴에서 희망을 찾는다. 지난 대선에서 20대 여성의 절반 이상은 여성을 차별하겠다고 말하는 후보에 표를 주지 않았다. 여성혐오와 장애혐오에 반대한다는 인스타그램 스토리에는 서로가 페미니스트임을 알고 있던 친구들뿐 아니라, 정치적 의견을 공유해본 적 없는 중·고등학교 동창들도 조용히 '하트'를 찍는다. 졸업 후 얼굴 한번 못 본 친구들인데도 마음속 거리감이 순식간에 날아들 듯 좁아진다. 그 친구들 역시 나에게 같은 감정을 느낄지도 모른다. 막연하게 저 멀리 있던 친구들이 구체적인 이름과 얼굴로 호명되는 순간이다.

은유 작가는 대선 이후 절망한 여자들에게 보내는 뉴스레터에서 "끊어내지 않고 연결하는 싸움을 포기하고 싶지 않다"고 말했다. 나에게도 페미니즘은 대화를 단절하게 만드는 것이 아니라 세상과 대화를 시도하는 과정 자체였다. 가부장적인 아버지를 버리고, 빻은 말을 하는 친구를 걸러내려고 페미니스트가 된 게 아니었다. 사랑하는 사람들에게 내가 왜 상처받았는지를 말하고 그들과 대화를 나누고 싶어서 페미니즘을 배웠다.

백래시의 시대라고 말하지만, 그렇다고 좌절하고만 있을 수는 없다. 타인의 선의를 믿고 내가 할 일을 해나가는 것밖에는 방법이 없다. 은유 작가는 앞서 말한 뉴스레터에서 "전진한 것은 후퇴할 수도 있고, 닫힌 것이 다시 열리기도 한다"고 했다. 어떻게 보면 당연한 그 말이 큰 위로가 됐다. 싱어송라이터 이랑은 얼마 전 공연에서 "혐오와 차별이 없는 세상이 오길 바랐는데, 올해는 집회를 할 일이 많아질 것 같다"고 말했다. 그의 말처럼 어쩌면 올해는 광장에 다시 나가 친구들의 얼굴을 보는 일이 생길 수도 있겠다고 생각했다.

같은 시간, 같은 공간에서 강렬한 경험을 함께 나누고 사회 어딘가로 흩어져버린 친구들에게 묻고 싶었다. 그동안 어떻게 지냈냐고. 안전한 공간에서 벗어나 낯선 곳에 도착하는 경험이 힘들지는 않았냐고. 그리고 이제 우리가 뭘 더 할 수 있을지, 앞으로 뭘 해야 할지를 이야기하고 싶었다. 얼굴도 이름도 모르는 친구들을 찾고 싶어서, 그렇게 당신들과 다시 연결되고 싶어서 이 글을 썼다.

김소라